Little Bit of Auras: An Introduction to Energy Fields
Copyright © 2018 by Cassandra Eason
Cover © 2018 Sterling Publishing Co., Inc.
Todos os direitos reservados

Tradução para a língua portuguesa
© Verena Cavalcante, 2022

Diretor Editorial
Christiano Menezes

Diretor Comercial
Chico de Assis

Gerente Comercial
Giselle Leitão

Gerente de Marketing Digital
Mike Ribera

Gerentes Editoriais
Bruno Dorigatti
Marcia Heloisa

Editoras
Nilsen Silva
Raquel Moritz

Editora Assistente
Talita Grass

Adap. Capa e Proj. Gráfico
Retina 78

Coord. de Arte
Arthur Moraes

Coord. de Diagramação
Sergio Chaves

Designer Assistente
Ricardo Brito

Finalização
Sandro Tagliamento

Preparação
Juliana Ponzilacqua

Revisão
Isadora Torres
Pamela P. C. Silva
Retina Conteúdo

Impressão e Acabamento
Ipsis Gráfica

DADOS INTERNACIONAIS DE CATALOGAÇÃO NA PUBLICAÇÃO (CIP)
Jéssica de Oliveira Molinari – CRB-8/9852

Eason, Cassandra
  Manual prático das auras / Cassandra Eason ; tradução de Verena
Cavalcante. — Rio de Janeiro : DarkSide Books, 2022.
  128 p.

  ISBN: 978-65-5598-193-3
  Título original: Little Bit of Auras

  1. Aura 2. Esoterismo 3. Magia 4. Misticismo
  I. Título II. Cavalcante, Verena

22-1234   CDD 133.892

Índices para catálogo sistemático:
1. Aura

[2022]
Todos os direitos desta edição reservados à
DarkSide® *Entretenimento LTDA.*
Rua General Roca, 935/504 — Tijuca
20521-071 — Rio de Janeiro — RJ — Brasil
www.darksidebooks.com

MAGICAE APRESENTA

MANUAL PRÁTICO DAS
AURAS

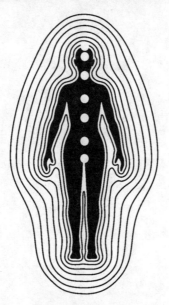

CASSANDRA EASON

TRADUÇÃO VERENA CAVALCANTE

DARKSIDE

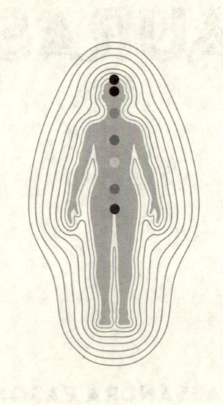

MANUAL PRÁTICO DAS

AURAS

SUMÁRIO

INTRODUÇÃO:
A LUZ NO CAMINHO DE TODOS 7

1 **AS CORES DA AURA: PARTE 1** 18

2 **AS CORES DA AURA: PARTE 2** 32

3 **AURA DE HUMOR** 44

4 **AURA DE PERSONALIDADE** 54

5 **PURIFICAÇÃO, CURA E ENERGIZAÇÃO DA AURA** .. 64

6 **FORTALECIMENTO E CUIDADO DA AURA** 76

7 **AURAS NO LAR E NO AMBIENTE DE TRABALHO** .. 86

8 **AS AURAS DOS ANIMAIS DOMÉSTICOS** 98

9 **SELANDO E PROTEGENDO A AURA** 112

ÍNDICE REMISSIVO 122

SOBRE A AUTORA 127

MANUAL PRÁTICO DAS

AURAS

INTRODUÇÃO:
A LUZ NO CAMINHO DE TODOS

Tente imaginar um brilho envolvendo os corpos entrelaçados de dois jovens apaixonados. Ou, então, uma luz contornando a figura de uma criança que, encantada, esteja visitando a casa do Papai Noel; um lugar que, iridescente, estará enfeitado com fadas reluzentes ou santos, como os das imagens tradicionais, com as cabeças rodeadas por auréolas douradas.

No cotidiano, sempre que alguém passa por um momento de raiva intensa, é comum que essa pessoa diga "Nossa, fiquei vermelho de raiva!", ou, então, em outro exemplo, "Ela estava verde de inveja!", como se alguma cor estivesse sendo irradiada do corpo de um indivíduo e fosse captada intuitivamente sem ser vista de fato. Chamamos essas cores de *auras* — elas são parte da nossa percepção natural do mundo. Inclusive, há registros de que, em sociedades primitivas, caçadores que estivessem observando do alto de uma caverna nas montanhas conseguiam saber se os membros de uma tribo que estivesse se aproximando eram perigosos ou não, apenas com a leitura das energias emitidas por suas auras.

Todos temos uma aura, um campo energético da cor do arco-íris, geralmente invisível a olho nu, mas que pode ser percebido psiquicamente com um pouco de prática. Nossa aura circunda todo o nosso corpo, formando uma elipse tridimensional composta de sete camadas diferentes de cores. Ela revela nossos humores, nossas personalidades e o estado de nossa saúde. Nossa aura pode, inclusive, guiar nossas interações com outras pessoas, ainda que nossas ações possam contrariar os sinais lógicos. Mesmo assim, a forma como a aura costuma refletir nossas próprias atitudes costuma ser, invariavelmente, algo bastante preciso.

Nos momentos de maior força e irradiância, a aura pode se estender para além de um braço de distância do corpo. Esse campo espiritual e bioenergético varia de tamanho e densidade de acordo com as diferentes condições. Gautama Buddha, o líder espiritual sobre o qual as raízes do Budismo foram fundadas, era conhecido por ter uma aura que se estendia a quilômetros de distância, alcançando e influenciando todos aqueles que adentrassem a área de sua luminosidade.

Neste livro, você aprenderá uma variedade de técnicas para sentir, enxergar e interpretar sua própria aura, a aura de indivíduos e grupos e mesmo a aura de seus animais de estimação. Você também descobrirá como purificar, curar, fortalecer e proteger a aura, além de aprender a usá-la tanto para criar uma boa impressão quanto para repelir a maldade.

COMPREENDENDO A AURA

As auras envolvem pessoas, animais, plantas, cristais e lugares. Com prática, elas podem ser facilmente sentidas ou vistas por meio da *clarividência*, as habilidades inatas psíquicas com as quais todos nascemos. Com a ajuda dela, e do nosso sexto sentido, podemos perceber intuitivamente as cores da aura de um indivíduo, ou até mesmo vê-la com os olhos da mente. Utilizando a *psicometria*, por outro lado, ou o toque psíquico, podemos sentir com as pontas dos dedos a saúde e a cor de uma aura. Algumas pessoas, por sua vez, aprendem a enxergá-la externamente, com os olhos físicos.

As camadas de energia espiritual que compõem a aura tornam-se progressivamente menos densas e mais etéreas conforme ela se expande para longe do corpo. As camadas externas — azul, índigo e violeta — são as espiritualmente mais elevadas, até que, nas bordas, nossas energias se mesclam em pura luz branca e dourada junto ao cosmos. Às vezes, uma ou mais camadas podem ser predominantes e parecer cobrir toda a estrutura da aura. Ou podem parecer pálidas ou evanescentes, dependendo do nosso estado de saúde ou do que está acontecendo em nossas vidas. Embora nossas auras sejam compostas de sete camadas, algumas pessoas operam especialmente com as quatro camadas internas. De fato, quanto mais trabalharmos nossas auras, mais sintonizados nos tornaremos com nossas energias espirituais, nossos anjos e nossos guias.

FONTES ENERGÉTICAS DA AURA

A energia da aura é transmitida para e além do corpo por meio de sete centros energéticos invisíveis, chamados de *chacras*. Ademais, além dos sete chacras principais, há muitos outros canais energéticos, ainda que menos poderosos.

Esses centros energéticos invisíveis são parte do espírito ou do corpo etéreo, todo feito de luz, a parte de nós que sobrevive à morte. Essas energias puras de luz branca, provindas do nosso Eu espiritual, dividem-se ou se difundem em sete filamentos das cores do arco-íris, que irradiam além e ao redor do corpo, embora sejam melhor visualizados circundando a cabeça e os ombros. Na prática, as auras que rodeiam a cabeça e o pescoço são as mais fáceis de purificar, de bloquear contra o estresse e a crueldade e também de restaurar. Os efeitos de uma intervenção positiva na aura podem ser sentidos no corpo e na mente.

Cada um dos chacras é abastecido e energizado por uma camada específica de aura da mesma cor, como veremos no capítulo 5. Sua aura se fortalece com a ajuda de campos energéticos vindos de outras pessoas, ou dos seus próprios animais de estimação, pelo amor, a lealdade, a aceitação e a aprovação direcionadas a você.

Contudo, nossos campos energéticos também se desgastam. Isso pode ocorrer devido a barulhos altos, poluição, raios emitidos por computadores, televisores, aparelhos celulares e outros produtos eletrônicos, toxinas, e por comportamentos negativos e controladores vindos de outras pessoas, como críticas injustas, frieza de sentimentos, inveja ou possessividade. Aprender a proteger a própria aura é algo vital — é como trancar a porta da frente de casa antes de ir para a cama — porque, às vezes, a negatividade dos outros indivíduos, de maneira proposital ou não, pode causar danos à aura em um momento vulnerável, como quando você estiver dormindo.

O CAMPO DE ENERGIA UNIVERSAL

O campo de energia universal pode ser concebido como pura luz branca — ou seja, todas as cores do arco-íris sincronizadas em uma única junção — que flui dentro de cada aura e é capaz de receber sentimentos ou impressões provindas de outras auras, em um intercâmbio constante. Essa luz é a pura força vital, chamada de *qi* na tradição japonesa, *chi* na chinesa, *prana* no hinduísmo, *mana* na havaiana e *ruach* na hebraica.

A energia vital pode ser absorvida por sua aura pelo consumo de alimentos naturais, água, sucos frescos ou qualquer outro tipo de comida não processada, como carnes, frutas, grãos e vegetais.

O campo de energia universal é composto das energias coletivas de outras pessoas, lugares, animais e fontes de energia vital — como cristais, flores, o Sol, a Lua, influências astrológicas e estações do ano, sempre em constante mudança. Outra coisa que é capaz de adentrar no campo energético pessoal é a sabedoria dos anjos e dos guias espirituais. Esse campo energético também engloba experiências universais e a sabedoria atemporal das pessoas e de todos os lugares. Nossa aura costuma conter experiências de vidas passadas e até mesmo a sabedoria adquirida por nossos ancestrais, tanto de um passado longínquo quanto de um passado mais recente.

Além disso, os campos energéticos coletivos também podem se acumular sobre todo tipo de construções, desde casas e ambientes de trabalho até abadias e lugares antigos, como campos de batalha. Dessa forma, esses campos energéticos coletivos permanecem associados a tais locais. Esses campos nada mais são do que as energias liberadas por diferentes indivíduos que viveram, trabalharam ou morreram nesses lugares em períodos distintos. Por essa razão, é possível sentir uma atmosfera aprazível ao adentrar um monastério antigo no qual diferentes gerações viveram existências consistentes, tranquilas e contemplativas ao longo dos séculos. Por outro lado, um campo de batalha pode parecer sombrio e lúgubre, mesmo séculos depois de todo sofrimento e brutalidade ali infligidos — impressões podem se tornar especialmente intensas no aniversário da tragédia.

INTRODUÇÃO

INTERPRETANDO A AURA

Crianças pequenas — que são naturalmente clarividentes, mesmo sem nunca terem estudado, ou ouvido, qualquer coisa sobre o conceito do que são auras — costumam ver e, por vezes, até desenhar esses campos energéticos ao redor das pessoas. Elas podem até dizer coisas como "Essa é uma moça verde", ou "Esse gato é rosa", mas o que realmente estão captando são os sentimentos essenciais ou o caráter daquele sujeito. Contudo, conforme vão crescendo e recebendo educação, as crianças aprendem que os gatos podem ser pretos, brancos e marrons, mas nunca cor-de-rosa; a visão física do que é tangível assume o lugar da visão psíquica. Mesmo assim, a habilidade de detectar e interpretar as auras nunca nos abandona definitivamente.

PERCEBENDO A AURA

A nossa percepção das auras no cotidiano costuma vir por meio da captação da aura das outras pessoas, ainda que esse movimento seja feito de maneira inconsciente. Um exemplo disso ocorre quando alguém que você não conhece — ou de quem não gosta — se aproxima demais. Mesmo que a pessoa não esteja encostando em você *fisicamente*, é possível que você se sinta desconfortável; isso ocorre porque aquela pessoa está invadindo sua aura, adentrando o seu *espaço pessoal*. Em contraste, quando uma criança ou uma pessoa amada se aconchega a você, é como se não existisse barreira alguma entre você e a outra pessoa; nesse momento, os limites dos campos energéticos se relaxam temporariamente e se fundem em um só fluxo.

SEU PRÓPRIO ARCO-ÍRIS

Ainda que as cores das auras não possam ser vistas a olho nu, o humor ou a personalidade de uma pessoa podem ser transmitidos como uma ou mais cores e experienciados por meio de uma sensação. Pessoas com deficiência visual, por exemplo, especialmente se enxergavam no passado, conseguem distinguir entre cores recorrendo apenas ao toque. Daltônicos também aprendem rapidamente a diferenciar energias e pontos fortes da aura com as mãos, como o poder e a força do vermelho, sendo capazes de discriminar outros tons, principalmente aqueles relacionados à paixão ou à fúria. Essas habilidades também podem ser utilizadas durante a restauração da aura, para identificar nós e emaranhados no campo energético.

O vermelho pode emanar uma sensação de calor e potência; o laranja é confortável e confiante; o amarelo aspira ao foco e a ideias estimulantes; o verde é gentil e fluido; o azul emana frescor, calma e ondulações; o índigo dá a sensação de paz e elevação do espírito; e o violeta traz consigo discernimento espiritual e consciência da presença de anjos e guias espirituais.

Uma vez que você tenha dominado o exercício descrito a seguir, será capaz de identificar cores em sua própria aura e nas auras de outras pessoas ao sustentar a mão acima da cabeça e dos ombros e movê-la, gradualmente, através das camadas.

Experimentando a Psicometria* - o Toque Psíquico

Coloque em uma caixa, ou qualquer recipiente, sete laços de cores diferentes — vermelho, laranja, amarelo, verde, azul, índigo e violeta. Misture-os, feche os olhos, e segure um de cada vez, por um minuto ou dois, descrevendo em um gravador como cada uma das cores se parece para você. Numere-as antes de descrevê-las.

Recoloque os laços de volta na ordem em que os sentiu, ou então peça a um amigo para fazê-lo no seu lugar, até que tenha escolhido todos eles. Compare suas sensações com as suas palavras.

Mantenha-se praticando. Utilize cristais de cores diferentes, flores, velas e comida. Você perceberá que é ainda mais fácil aprender a identificar cores quando trabalha com materiais orgânicos.

Clarividência - o Sentido Psíquico

Neste próximo passo, misture os laços de olhos fechados e mantenha-os assim enquanto os coloca sobre uma mesa, espaçando-os bem para que as energias não se misturem. Novamente, caso deseje, peça ajuda a um amigo. É sempre bom aprender sobre auras com outra pessoa, com outros entusiastas.

Desta vez, sustente a mão alguns centímetros acima de cada laço, ainda de olhos fechados, outra vez utilizando o gravador e numerando cada um dos objetos.

Quando se sentir confortável com as duas técnicas, adicione cores secundárias que também possam surgir na aura: o marrom, racional e estável; o cor-de-rosa, amável e acolhedor; e o cinza, equilibrado e reservado.

---

* O conceito de psicometria abordado neste livro é diferente do conceito de psicometria da psicologia. Na psicologia, a psicometria se refere a um grupo de técnicas utilizadas — com ajuda das ciências exatas — para classificar tipos diferentes de comportamentos. (As notas são da tradutora.)

VINTE MANEIRAS DE MELHORAR SUA AURA INSTANTANEAMENTE

1. Para tornar sua aura mais radiante, alimente-se de vegetais e frutas de cores vibrantes, crus ou apenas levemente cozidos. Frutas silvestres e pimentas cruas são elevadoras instantâneas de energia.

2. Saia ao ar livre, expondo-se à luz natural por alguns minutos sempre que possível, sobretudo se trabalhar em um ambiente que esteja constantemente sob luz artificial, pois isso drena a energia da aura.

3. Use um prato de cristais mistos de todas as cores do arco-íris. Ao acordar, sempre escolha um cristal, ainda de olhos fechados, e segure-o com as mãos em concha. Somos automaticamente atraídos pela sensibilidade de nossos centros de energia — concentrados principalmente nas palmas das mãos e nas pontas dos dedos — ao cristal que será de maior ajuda, dono da cor de que nossa aura mais precisa no momento.

4. Caso sinta hostilidade ao seu redor, una as palmas das mãos e, em seguida, mova-as para fora, de forma que pareçam quase se tocar, mas sempre mantendo alguns centímetros de distância, para criar, pouco a pouco, uma energia ali. Ao sentir as mãos pesadas, separe-as rapidamente (pode ser difícil) e balance os dedos sobre a cabeça, acima da raiz dos cabelos, e sobre os ombros. Isso criará fagulhas psíquicas que protegerão sua aura da inveja e da hostilidade.

5. Mantenha um vaso de flores aromáticas em casa ou no escritório para verter saúde em sua aura.

6. Em dias escuros e frios, vista ao menos uma cor viva para estimular sua aura e se contrapor à sonolência e ao torpor, energias que podem desgastar o entusiasmo.

7. Faça bebidas utilizando água nas quais uma ágata azul, um jade ou um cristal de ametista tenha estado imerso por duas ou três horas, então ofereça-as para pessoas muito críticas ou hiperativas. Isso fará com que a aura delas se misture, em harmonia, com a sua. Se não conseguir convencê-las a beber dessa água, beba-a você, a fim de proteger sua aura da influência delas.

8. Sempre beba muita água. Café, chá, refrigerantes e outras bebidas com aditivos podem tornar o campo energético da aura ressequido e irritável.

9. Faça exercícios leves, como dançar, nadar, caminhar e andar de bicicleta, pois eles ajudarão a fazer as energias da aura circularem melhor do que atividades mais vigorosas, que podem exaurir reservas de energia ao fazer com que se atirem, aleatoriamente, para todas as direções.

10. Evite contato excessivo com materiais sintéticos e, sempre que possível, permita que apenas tecidos naturais toquem sua pele para evitar sufocar sua aura.

11. Caso trabalhe com maquinário de alta tecnologia ou utilize o telefone celular ou o computador com muita frequência, mantenha sempre uma malaquita verde ou um quartzo-fumê entre você e a máquina. Outra possibilidade é deixar um pequeno cristal sempre junto ao seu celular para impedi-lo de sugar a energia de sua aura.

12. Animais são ótimos em transferir energias amorosas da aura deles para a sua. Ao fazer carinho em seu bichinho de estimação, imagine que a energia verde, cor-de-rosa ou marrom-claro dele esteja se sobrepondo à sua própria aura como uma gentil camada protetora.

13. Mande energias da sua aura para alguém que esteja precisando, como um filho ou um cônjuge, mesmo se ele estiver ausente. Segure uma foto da pessoa e, respirando devagar, visualize uma suave luz cor-de-rosa envolvendo o corpo dela.

14. Mantenha vasos de ervas frescas crescendo na sua cozinha para espalhar um senso de abundância e para atrair coisas positivas para a aura ou para o campo energético do seu lar.

15. Coloque mensageiros do vento, sinos, plantas macias e espelhos ao redor da sua casa para manter a aura do seu lar alegre e as energias fornecedoras de saúde fluindo.

16. Joias de ouro podem encher sua aura de foco e confiança e, sobretudo, vão ajudá-la a impressionar outras pessoas e demonstrar autoridade.

17. Joias de prata podem aumentar a harmonia e trarão paz e reconciliação a qualquer tipo de interação humana.

18. Joias de cobre podem fartar sua aura de amor e vão aumentar e atrair esse sentimento para a sua vida.

19. Caso você esteja sofrendo de depressão ou exaustão, passe um pêndulo de cristal de quartzo transparente, em movimentos circulares no sentido horário, primeiro sobre seu cabelo, depois sobre suas sobrancelhas, apenas tocando de leve a pele, gentilmente, e então sobre sua garganta e pulsos, a fim de chegar às energias do coração. Isso lhe trará uma rápida infusão de poder e entusiasmo.

20. Quando precisar dormir ou descansar, utilize o mesmo método, mas com um pêndulo feito de cristal de ametista e executando o movimento em sentido anti-horário. Isso sossegará sua aura e você poderá descansar e ter suas energias restauradas.

1

As Cores da Aura: Parte 1

MANUAL PRÁTICO DAS

AURAS

OS DOIS PRIMEIROS CAPÍTULOS DESTE LIVRO contêm tudo que você precisa saber para interpretar as cores, os cristais, as fragrâncias e os arcanjos associados às auras. Dessa forma, você pode utilizar as seguintes informações para realizar limpezas, fortalecimentos e cura de camadas da aura — ou mesmo dela por inteiro. Cada uma das cores tem características positivas e negativas, de acordo com seu tom e claridade.

Contudo, se você deseja começar a leitura de auras imediatamente, vá ao capítulo 3 e ao capítulo 4 para se focar, de primeira, nos diferentes métodos de interpretação. Uma vez que esteja lá, volte aos dois primeiros capítulos conforme pratica, apenas para checar os significados das cores que você sente ou vê.

Uma vez que tenha começado a aprender sobre o significado das cores, você se tornará instantaneamente consciente das cores que predominam na aura de cada pessoa. Também será possível notar o humor de alguém, mesmo que este alguém esteja do outro lado de um estacionamento, meramente pelas cores presentes ao redor do indivíduo, sobretudo na área da cabeça e dos ombros.

Da mesma forma, ao conhecer alguém novo você também conseguirá intuir sobre a personalidade da pessoa de maneira bastante natural, só de observar as cores que ela irradia. Você acertará quase sempre. Isso pode ser útil em uma série de situações, desde conhecer novos membros da família até passar por uma entrevista de emprego. As crianças, por exemplo, conseguem ver auras automaticamente, portanto, permita-se relaxar e invocar esta antiga habilidade de volta.

Ao passar um tempo na fila do caixa do supermercado, no meio de um show, quando estiver no trânsito, em um café, ou quando pessoas vierem visitar seu ambiente de trabalho, faça esse exercício: pergunte-se se aquela pessoa é azul, vermelha, verde ou amarela. Então, ao voltar para casa, depois de ter se decidido por uma das cores, leia este capítulo e descubra se as características aqui expostas combinam com as palavras ou com o comportamento do indivíduo.

AS CORES DA AURA NAS CRIANÇAS

Enquanto a maioria dos adultos exibe duas ou três cores consistentes em suas auras, indicando detalhes básicos de suas personalidades, e uma cor fulgurante transitória que costuma se modificar de acordo com o humor, bebês geralmente têm auras brancas ou douradas no nascimento. Algumas parteiras dizem enxergar uma luz áurea no momento do parto. Por outro lado, se o nascimento for traumático, a aura pode assumir uma cor branca nebulosa.

Por volta do primeiro ano de idade, conforme a criança se torna mais integrada no mundo, ela começa a operar em níveis de violeta e índigo, que auxiliam em suas habilidades psíquicas, embora tais dons desapareçam nos anos pré-escolares. Ao mesmo tempo, a criança recém-nascida exibe um nível de vermelho no chacra raiz por depender totalmente do cuidador para a sua sobrevivência. A partir dos 2 anos, a criança passa aos desejos e às necessidades do laranja, movendo-se, em seguida, para a lógica do amarelo e, perto dos anos escolares, às relações amáveis que envolvem o verde. Para muitas crianças, o acesso aos chacras elevados desaparece por volta dos 7 anos de idade, mas algumas retém parte dele, além da clarividência inata.

Como algumas crianças são sensíveis demais, elas mantêm certa predominância de índigo na aura, podendo achar o mundo um lugar duro de navegar, um ambiente muito "barulhento". Ou seja, elas têm dificuldade de aceitar a desonestidade das pessoas que fingem ser o que não são. Por isso, elas podem vir a ter problemas de aprendizado e até dificuldades comunicativas. Para essas crianças, o mundo pode parecer um lugar fora de sincronia, e seus pares menos sensíveis podem usar essa característica para provocá-las e cometer bullying contra elas.

Fugindo à regra, há algumas crianças que nascem com um arco-íris completo na aura, na qual todas as cores são vivas e equilibradas, como se o nascimento daquela criança representasse a possibilidade de trazer paz ao mundo. Os bebês que seguem essa linha são surpreendentemente alertas, podem enxergar anjos e espíritos, interagem de forma notável com os animais e costumam ser extraordinariamente sábios, trazendo consigo conhecimentos de vidas passadas.

AS SETE PRINCIPAIS CORES DA AURA

Vermelho, laranja, amarelo e verde representam a vida interior terrena relativa ao cotidiano, enquanto os níveis da aura que se referem ao campo dos relacionamentos, como azul, índigo e violeta refletem níveis espirituais mais elevados. A paleta se inicia no vermelho, que é o mais próximo do corpo e, por isso, o mais bem-definido, e segue até a sétima — e mais difusa — camada exterior, o violeta, que se mescla com o branco ou o dourado do cosmos. Decidi incluir a cor branca neste capítulo, pois ela é considerada, por alguns, como parte integrante, ou a cobertura, da sétima camada. Mais cores cósmicas e secundárias se reúnem no interior ou se espalham pelos diferentes níveis, como será abordado com mais detalhe no segundo capítulo.

- Aura Predominante
- Chacra da Coroa ou Coronário
- Chacra do Terceiro Olho ou Frontal
- Chacra da Garganta ou Laríngeo
- Chacra do Coração ou Cardíaco
- Chacra do Plexo Solar
- Chacra Sacral
- Chacra Raiz ou Base

VERMELHO

Para ação, sobrevivência, mudança, poder, energia física, coragem, determinação e paixão; a cor do guerreiro.

O vermelho forma a camada interna da aura.

Características positivas: Ao exibir um vermelho vivo, escarlate ou da cor do rubi, essa aura indica uma vida vibrante, a habilidade de superar quaisquer obstáculos, o desejo de engendrar mudanças positivas ou um amante apaixonado.

Características negativas: Um vermelho metálico pode indicar alguém de pavio curto, de natureza agressiva, com tendência a explodir sempre que estiver sob algum tipo de frustração, ou que costume agir de maneira impulsiva e correr riscos levianamente. Quando se trata de um vermelho apagado ou pungente, vem a revelar fúria reprimida, uma natureza irritável, sinal de ressentimento sobre as injustiças cometidas, coisas negativas que vão se acumulando. Auras em um escarlate berrante sugerem uma natureza paqueradora e, talvez, alguém com inclinação para se envolver em relacionamentos amorosos problemáticos.

Arcanjo: Camael, arcanjo de Marte, que cavalga um leopardo rumo à vitória.

Fragrâncias: Canela, cipreste, sangue-de-dragão, gengibre e menta.

Gemas e cristais de poder: Ágata de sangue, opala de fogo, heliotrópio, granada, pedra jaspe, meteorita, obsidiana, aventurina vermelha, olho de tigre vermelho e rubi.

Chacra: Raiz ou base.

LARANJA

Para confiança, independência, um forte senso de identidade, fertilidade, autoestima, saúde, felicidade e desejos pessoais. É a cor da integração.

O laranja forma a segunda camada interna da aura, de dentro para fora.

Características positivas: Um laranja rico e agradável indica a habilidade de se integrar em diferentes aspectos da vida, sociabilidade, motivação, originalidade, habilidades criativas, mente aberta, entusiasmo e uma natureza otimista. O laranja vivo é um excelente sinal para alguém que deseje ter filhos.

Características negativas: Um laranja pálido pode indicar falta ou perda de identidade ou autoestima, alguém que baseie seu valor e senso de importância apenas no que os outros pensam, ou um indivíduo que esteja sofrendo com alguma forma de agressão. Um laranja turvo pode indicar uma pessoa de ego frágil com tendências territorialistas. Por outro lado, um laranja intenso demais pode representar excessos e obsessões, especialmente relacionadas à comida e à autoimagem.

Arcanjo: Gabriel, o arcanjo da Lua.

Fragrâncias: Eucalipto, jasmim, limão e mirra.

Gemas e cristais do poder: Prata, pedra da lua, madrepérola, pérola, opala e selenita.

Chacra: Sacral.

AMARELO

Para lógica e conquistas intelectuais, habilidades especulativas, versatilidade e destreza mental, mutabilidade e inquietação. É a cor do comunicador e do viajante.

O amarelo é a terceira camada da aura, movendo-se de dentro para fora, e um dos níveis que mais dizem respeito à vida terrena.

Características positivas: O amarelo claro, cor de limão, indica uma mente focada e uma memória afiada, perspicácia empresarial ou financeira, especialmente no ramo da especulação ou da expertise tecnológica. O amarelo vibrante é uma cor de alegria e de clareza comunicativa, enquanto o amarelo-canário sugere alguém que trabalhe com entretenimento ou com as artes dramáticas. Já um amarelo-claro amarronzado pressagia uma mente científica ou matemática.

Características negativas: Manchas irregulares e grossas de amarelo indicam impulsividade, enquanto o amarelo-mostarda pode mascarar a inveja, o ressentimento e alguém dado a fazer fofocas. Uma névoa metálica de amarelo contém intenções desonestas e uma tendência a apostar. Amarelo-limão vivo pode indicar pensamento lógico, mas, ao mesmo tempo, uma língua sarcástica e afiada. Um amarelo frio e pálido, por sua vez, pode sugerir que a cabeça sempre manda no coração.

Arcanjo: Rafael, arcanjo da cura, das viagens e das empreitadas.

Fragrâncias: Lavanda, lírio-do-vale, melissa (bálsamo de limão), capim-limão e funcho.

Gemas e cristais do poder: Calcita (amarela e cor de mel), crisoberilo, crisoprásio limão, citrino, pedra jaspe, quartzo-rutilado e topázio amarelo.

Chacra: Do plexo solar.

VERDE

Para o amor, a fidelidade, a confiança, a harmonia, o crescimento natural em todas as áreas da vida e a preocupação com o meio ambiente. Esta é a cor do filho da natureza.

O verde é a quarta camada da aura, de dentro para fora, e a última relativa à vida cotidiana. Em seus limites exteriores, ela reflete o amor à humanidade.

Características positivas: Um verde brilhante e limpo revela um coração amável, digno de confiança, muito generoso com o tempo, o amor e o dinheiro, do qual as palavras sempre nascem do coração. Uma aura verde é um sinal de que a pessoa está profundamente comprometida com o amor. O verde-esmeralda é símbolo de alguém com poder natural de cura, sobretudo no campo alternativo, além de ser naturalmente sortudo.

Características negativas: Um verde pálido sugere dependência emocional. Um verde opaco, cor de lama, pode revelar emoções conflituosas ou a possibilidade de essa pessoa ser um vampiro emocional, que suga a energia dos outros. Um verde amarelado pode ser um sinal de possessividade e chantagem emocional. O verde-limão pode implicar estresse nos relacionamentos. Uma aura turva ou verde-escura pode indicar pessoas que amam de maneira tola e excessiva, ou que estejam sofrendo por causa de um amor não correspondido.

Arcanjo: Anael, o arcanjo do amor duradouro, da fidelidade e do crescimento natural em todas as áreas da vida.

Fragrâncias: Flor de macieira, erva-cidreira, magnólia e baunilha.

Gemas e cristais do poder: Amazonita, aventurina, crisoprásio, esmeralda, fluorita, jade, malaquita, ágata muscínea, peridoto e turmalina.

Chacra: Do coração ou cardíaco.

AZUL

Para os ideais, uma visão de mundo ampla, para pensar além dos horizontes (físicos e de perspectiva), para autoridade inata e poderes de cura transmitidos por fontes elevadas. Esta é a cor daquele que está em constante busca pela verdade.

O azul é a quinta camada, de dentro para fora, e a primeira que trata dos níveis mais elevados da aura.

Características positivas: O azul real indica uma personalidade integrada, com senso aguçado de justiça e poderes naturais de liderança. Um azul resplandecente se refere à criatividade e ao altruísmo. Um azul limpo representa objetividade, aquele que o ostenta costuma ser um professor ou um orador muito talentoso. Auras azuis que inundam outras cores da aura podem ser vistas em curandeiros espirituais, escritores, músicos, atores e outros artistas.

Características negativas: Um azul baço e denso pode representar um excesso de conservadorismo e preocupação com o mantimento rígido das regras, independentemente das circunstâncias. O azul vigoroso é sinal de alguém autocrático, obstinado e intolerante acerca do estilo de vida e da crença das outras pessoas.

Arcanjo: Saquiel, arcanjo da colheita, da verdade, da justiça, da prosperidade, da expansão e dos caminhos tradicionais da aprendizagem.

Fragrâncias: Funcho, madressilva, lótus, sálvia e sândalo.

Gemas e cristais do poder: Quartzo aqua aura, angelita, calcedônia azul, ágata azul rendada, quartzo-azul, celestita, azul cobalto, cianita, iolita, lápis-lazúli, safira, topázio e turquesa.

Chacra: Da garganta ou laríngeo.

ÍNDIGO

Para visão interior e consciência psíquica, espiritualidade, conhecimento do futuro e das vidas passadas. É a cor do vidente, do sábio, da alma em evolução. O índigo é a sexta camada da aura e forma a segunda camada dos níveis elevados da aura. Ela costuma se fundir ao violeta.

Características positivas: Um índigo uniforme costuma indicar uma sensibilidade aguçada acerca das intenções não ditas das pessoas, percepção do mundo espiritual, intuição acentuada, clarividência (visão psíquica por meio do terceiro olho), clariaudiência (audição psíquica) e inclinação à caridade. Os tons mais vibrantes indicam imaginação fértil. Os tons mais escuros estão presentes nas auras de anciões sábios. O lavanda, um tom bastante relacionado ao índigo, refere-se à sensibilidade aos poderes elevados da natureza, portanto, aqueles com esse matiz presente na aura costumam se interessar por divindades do hinduísmo e ter um dom para o herbalismo.

Características negativas: Quando a aura índigo está borrada, isso implica que seu dono está passando tempo demais sonhando acordado e se iludindo, além de sentir muita autopiedade e tendência ao estresse, principalmente por estar absorvendo os humores negativos de outras pessoas. Um índigo muito escuro indica isolamento e desilusão com o mundo. Um tom de índigo que encubra todas as outras cores da aura pode revelar alguém com hipersensibilidade relacionada ao mundo, especialmente se tratando de alguém jovem.

Arcanjo: Cassiel, arcanjo do consolo e da compaixão pelos sofrimentos do mundo, aquele que transforma a dor em alegria e traz consigo aceitação sobre aquilo que não pode ser mudado.

Fragrâncias: Mimosa, mirra, artemísia, patchouli e violeta.

Gemas e cristais do poder: Ametista, ametrina, fluorita, kunzita, sodalita, pedra *super seven* e tanzanita.

Chacra: Frontal ou do terceiro olho.

VIOLETA

Para os sentidos mediúnicos, conexão com ancestrais, outras dimensões, anjos e espíritos-guias. É a cor do místico, do visionário, da integração entre todos os aspectos do Eu com o mundo espiritual.

O violeta é o nível mais elevado da aura, frequentemente mesclado com branco e dourado, pois está unido à pura energia cósmica. O branco, especificamente, costuma fazer parte desta camada.

Características positivas: Uma conexão com a sabedoria inconsciente e o conhecimento coletivo da humanidade, em todas as épocas e em todos os lugares. A habilidade de pensar de forma criativa e global, desconsiderando as formas imediatas de ganho para alcançar objetivos a longo prazo. Reflexo de amor e tolerância pela humanidade com todas as suas fraquezas e um exemplo de pessoa pacificadora e ética. A habilidade de se curar por meio de fontes energéticas elevadas, como anjos e guias espirituais. Uma tendência a ganhar reconhecimento, especialmente nas artes criativas e performáticas, de maneira mais voltada para o que é significativo do que para o lado comercial.

Características negativas: Quando o violeta é muito pálido, pode estar faltando incentivo, estamina e ímpeto, e por isso planos maiores raramente dão resultado. Um violeta vívido demais indica perfeccionismo e/ou uma ideia fantasiosa demais acerca do que é possível — ou seja, a inabilidade de aceitar o cotidiano e as pessoas com suas falhas e imperfeições. Um violeta opaco indica depressão.

Arcanjo: Zadquiel, o anjo da verdade e da justiça, da cura superior e da abundância, das artes performáticas, de todas as terapias alternativas e dos grandes projetos de caridade.

Fragrâncias: Bergamota, magnólia, lírio, orquídea e erva-doce.

Gemas e cristais do poder: Charoíta, lepidolita, purpurita, espinélio roxo, sugilita, quartzo aura titânio, violane.

Chacra: Da coroa ou coronário.

BRANCO:
A COR PREDOMINANTE DA AURA SUPERIOR

Para alcançar potencial sem limites, energia sem fronteiras, o livre fluxo de força vital. Esta é a cor do espírito ascendente, de quem está buscando sua própria jornada, do inovador.

O branco costuma fazer parte da sétima camada da aura em pessoas altamente evoluídas, revestindo o violeta, especialmente onde índigo e violeta se fundem na sexta camada. De fato, a partir da sexta camada, as cores se tornam cada vez mais amalgamadas.

Características positivas: Em seu branco mais luminoso, esta é a aura daqueles que seguem um caminho único de vida e fazem a diferença no mundo. Atrai luz pura do cosmos que pode ser utilizada para cura. É uma cor altamente evoluída, indicando níveis superiores de consciência, pureza de intenção e a busca por aquilo que vale a pena.

Características negativas: Um branco pálido, enevoado, pode sugerir alguém que esteja desligado da realidade, envolvido em planos espirituais grandiosos que não tenham fundamento concreto. O branco turvo disfarça sentimentos de alienação e uma relutância em se conectar a outras pessoas. Um branco excessivo e brilhante anuncia uma atitude hipócrita de superioridade e obsessão com perfeição física e beleza; além disso, demonstra uma motivação a seguir adiante, independentemente de quais consequências isso pode trazer a terceiros, podendo acarretar até mesmo em estafa.

Arcanjo: Miguel, o arcanjo do Sol, e Gabriel, o arcanjo da Lua, são a síntese do mundo exterior e do mundo interior. Os dois representam a união das energias masculinas (Miguel) e femininas (Gabriel).

Fragrâncias: Camomila, copal, olíbano e girassol.

Gemas e cristais do poder: Aragonita transparente, diamante, fluorita transparente, quartzo de cristal, diamante Herkimer, quartzo opala, quartzo arco-íris, safira branca, topázio branco e zircônia.

Chacra: O chacra da coroa ou coronário, estendendo-se do centro da raiz do cabelo, da parte superior da testa, até dois a três centímetros acima da cabeça, onde se funde com o menor mas significativo Chacra da Estrela, que contém a fagulha divina imutável de nosso Eu evoluído e espiritual.

As Cores da Aura: Parte 2

MANUAL PRÁTICO DAS
AURAS

ASSIM COMO A COR BRANCA, ABORDADA NO PRImeiro capítulo, o dourado, o magenta, o turquesa e o prateado também são cores da aura superior, conectando as sete camadas coloridas da aura às dimensões elevadas e ao cosmos. Em uma pessoa santa ou de sabedoria excepcional, esses tons superiores podem encobrir toda a aura. Algumas cores secundárias podem formar variações das sete cores principais, podendo, inclusive, inundar a aura à qual estão diretamente relacionadas, caso sejam intensas demais. Por exemplo, no caso de uma jovem mãe, seja ela humana ou animal, o cor-de-rosa — que aparecerá neste capítulo — pode preencher toda a aura nos dias ou semanas posteriores ao parto.

DOURADO

Para a perfeição, esforçar-se para alcançar algo elevado e para os objetivos dignos. Esta é a cor daqueles que desejam atingir fama e grandeza ao atuar em prol da humanidade ou ultrapassando todas as barreiras e possibilidades. Também é a cor dos pioneiros, dos aventureiros e de todos aqueles que vivem uma existência boa.

É muito raro ver uma aura completamente dourada, a menos que se trate de um santo ou de um grande líder humanitário. É mais comum que o dourado apareça como minúsculos bruxuleios ou como uma faixa fina radiante de estrelas, do lado mais externo, da última camada da aura, unido ao branco junto do cosmos.

Características positivas: Embora um bebê recém-nascido seja comumente circundado de dourado, esta cor logo se esvai; contudo, você pode ter certeza de que, se uma criança retém o dourado na aura, ela está destinada a se tornar alguém muito especial. O dourado é a cor de alguém que se tornará muito rico ou famoso, mas utilizará — tanto o dinheiro quanto a fama — para o bem maior e, com isso, mudará o mundo de forma positiva. Uma única estrela dourada no topo da cabeça pode indicar talentos especiais que podem abrir portas no futuro.

Características negativas: Um dourado de cor excessivamente intensa indica uma obsessão por poder e um desejo de acumular riquezas a qualquer custo. Um dourado enferrujado pode sugerir uma tendência a desenvolver vícios, obsessões e compulsões.

Arcanjo: Miguel, arcanjo do Sol, o anjo que favorece empreitadas únicas e pessoais e guia todos aqueles que têm um destino único.

Fragrâncias: Camomila, copal, olíbano, cravo-de-defunto, laranja e girassol.

Gemas e cristais do poder: Ouro, pedra Boji, calcopirita, cristal transparente de quartzo, diamante, pirita polida, olho de tigre e topázio dourado.

Chacra: Todo o sistema de chacras.

OUTRAS CORES SUPERIORES DA AURA

MAGENTA

Para a espiritualidade expressa no cotidiano, para a originalidade e para seguir um caminho dedicado ao bem-estar de terceiros. Esta é a cor daquele que liberta os indivíduos de seus sofrimentos.

O magenta pode estar sobre a camada violeta ou entre o índigo e o violeta. Se a pessoa que o ostenta for alguém bastante evoluído e dedicado a curar outros indivíduos e passar sua sabedoria adiante, o magenta, por vezes, pode encobrir toda a aura.

Características positivas: Um magenta brilhante costuma ser a cor dos líderes espirituais, podendo se tratar tanto de um professor de reiki quanto de um guru. É frequentemente visto na aura de um sábio que tenha adquirido sua sabedoria por meio do sofrimento e utilizado essa experiência para o benefício dos outros. Contudo, o magenta também pode ser visto em pessoas jovens que tenham lutado contra doenças sérias ou que se recusam a deixar que deficiências ou as ameaças da mortalidade as derrotem.

Características negativas: Um magenta excessivamente reluzente costuma estar junto a falsos gurus ou aqueles que usam seus poderes espirituais para dominar outras pessoas. Também é característico daqueles que são tão cheios de si por conta de seus próprios conhecimentos espirituais que perdem a verdade de vista.

Arcanjo: Metatron, descrito com um pilar cintilante de luz, é o arcanjo da transformação, sempre carregando sua caneta e seu pergaminho. Ele era o profeta mortal Enoque, mas foi transformado em arcanjo por meio do raio e do trovão.

Fragrâncias: Olíbano, zimbro, capim-santo, mirra, orquídea e sândalo.

Gemas e cristais do poder: Aventurina azul, sílex, obsidiana marrom, meteorita, sardônix, tectita e quartzo de titânio.

Chacra: Frontal ou do terceiro olho, também conectado ao chacra da coroa.

TURQUESA

Para unir coração e mente, pensamentos e sentimentos e causar a síntese entre sabedoria e experiência. Esta é a cor do curandeiro sábio.

O turquesa se origina entre a quarta (verde) e a quinta (azul) camadas da aura, movendo-se para fora a partir da cabeça, no lugar do qual essas duas cores se fundem. Ele pode inundar a aura de um místico, de uma pessoa que trabalhe com causas humanitárias, de um artista, de um escritor, de um inventor, sempre indicando que esta é uma alma antiga.

Características positivas: Um turquesa limpo e radiante representa imparcialidade e justiça, misturado à compaixão. Também indica uma devoção inabalável a amigos, família ou qualquer pessoa que precise de ajuda, tanto nos bons quanto nos maus tempos. Esta é uma pessoa com grande potencial para se tornar um consultor, um negociador, um orador, ou um árbitro, inspirando — tanto na vida pública quanto na vida pessoal — muita devoção e respeito. Contudo, pessoas com auras turquesas não são particularmente ambiciosas ou interessadas no sucesso, ainda que acreditem muito no que fazem.

Características negativas: Uma aura em turquesa berrante pode indicar alguém carismático que utiliza seus dons para conseguir favores de pessoas influenciáveis para alcançar status pessoal e glória.

Arcanjo: Sandalfon, o gêmeo de Metatron, encarnado anteriormente como o profeta Elijah, que subiu aos céus montado em uma carruagem de fogo. Como Metatron, Sandalfon é um anjo de transformação e sabedoria.

Fragrâncias: Lírio, lótus, hortelã, almíscar, todas as rosas perfumadas, sândalo e tomilho.

Gemas e cristais do poder: Água-marinha, bornita ("minério pavão"), cobalto e titânio — metais unidos a cristais de quartzo —, crisocola, lápis-lazúli, opala e turquesa.

Chacra: Do coração e da garganta e um chacra menor, o chacra timo, abaixo da base do pescoço.

PRATEADO

Representa sonhos, magia, visões, desejos de realização além do mundo material, a habilidade de viajar entre dimensões e de se conectar com o mundo extraterreste, tomadas de consciência repentinas, sobretudo nas questões oníricas, durante a meditação ou visões no período de vigília. Esta é a cor do sonhador.

Está comumente associado à segunda camada laranja da aura e também se espalha, recobrindo a aura, como estrelas ou manchas em níveis superiores da aura.

Características positivas: O prata puro geralmente é visto ao redor de pais que se doam completamente à família. Estrelas prateadas ou brilhos na aura indicam um professor talentoso, alguém com potencial espiritual escondido, e podem aparecer também no momento em que uma mulher esteja prestes a conceber uma criança; essas características continuam ao longo da gravidez e do parto. Contudo, o prata também pode se referir ao grande poder imaginativo e criativo em desenvolvimento e a uma sexualidade recém-despertada ou redescoberta.

Características negativas: Flashes metálicos ao longo da aura são sinais de alguém que esteja buscando a criação de uma ilusão ou de uma imagem, que deseje excitação e estímulos constantes por meio de vias contraditórias ou que se arriscará de maneira inconsequente.

Arcanjo: Gabriel, arcanjo da Lua.

Fragrâncias: Cereja, jasmim, erva-cidreira, papoula, rosa e ilangue-ilangue.

Gemas e cristais do poder: Hematita, mica, pedra da lua, madrepérola, pérola, pedra da lua arco-íris, selenita, prata e opala branca.

Chacra: Do coração e sacral.

CHACRAS SECUNDÁRIOS DENTRO DAS SETE FAIXAS DA AURA

COR-DE-ROSA

Para o amor incondicional, a reconciliação, a gentileza e o cuidado. Esta é a cor do conselheiro sábio e do amor absoluto.

O cor-de-rosa faz parte da camada verde da aura, podendo, inclusive, inundar a aura de meninas que estejam chegando à puberdade, ou de qualquer outra pessoa que esteja amando pela primeira vez ou aprendendo a confiar em alguém novamente. Também é muito visto ao redor de mulheres grávidas e mães de primeira viagem. O mesmo acontece no reino animal, com fêmeas prenhas ou que tenham dado cria.

Características positivas: O cor-de-rosa radiante é a cor da pessoa que atua como pacificadora entre amigos, família e colegas de trabalho; aquela que ajuda a remendar corações partidos; alguém com o talento para curar sofrimentos emocionais e abuso. Gentil, calorosa, paciente e tolerante com as falhas alheias, a pessoa que ostenta a cor rosa sempre vê o melhor de cada um. Ela é uma amiga leal, que transforma qualquer lugar em um lar aconchegante, e é excelente com crianças e animais jovens. Esta cor também sugere fertilidade.

Características negativas: Um cor-de-rosa pálido demais, quando encontrado em homens ou em mulheres, refere-se à "síndrome da criança perdida", alguém que parece estar sempre precisando de socorro. Um rosa opaco, fosco ou sujo, pode indicar uma atitude de autocomiseração, alguém que assume uma postura de mártir e sente pena de si mesmo. Um cor-de-rosa nublado, por outro lado, revela que seu dono enxerga os pontos de vista das outras pessoas como mais importantes que o próprio, então costuma ceder facilmente e não reage diante de injustiças.

Arcanjo: Ariel, o leão de Deus.

Fragrâncias: Flor de macieira, flor de cerejeira, gerânio, lilás, melissa, rosas cor-de-rosa e baunilha.

Gemas e cristais do poder: Coral, kunzita, mangano ou calcita rosa, morganita, calcedônia rosa, opala, quartzo-rosa e turmalina.

Chacra: Do coração.

MARROM

Para habilidades práticas, estabilidade e confiança, amor aos animais, aceitação da própria fragilidade e da fragilidade das outras pessoas e poderes relacionados à terra. Esta é a cor de quem constrói bases sólidas.

O marrom está relacionado a vibrações mais lentas e inferiores. Ele faz parte da camada interior do vermelho.

Características positivas: Um marrom rico, dourado, revela alguém profundamente ligado à Mãe Terra, possivelmente um ambientalista entusiástico e amante das planícies, uma pessoa de ação, não de pensamento, uma dona de casa e amante do lar, com talento para artes e artesanato, reformas e jardinagem. O marrom-escuro, todavia, indica um indivíduo sábio e cauteloso com questões financeiras e imobiliárias, bastante respeitoso com pessoas mais velhas.

Características negativas: Um marrom baço pode indicar mente limitada, excesso de cautela, uma pessoa preconceituosa, extremamente avarenta com dinheiro e muito pouco afetuosa. Um marrom forte demais denota a aura de alguém obcecado por trabalho, dinheiro e questões materiais. Por outro lado, um marrom desbotado costuma aparecer em pessoas sobrecarregadas por questões práticas ou preocupações financeiras.

Arcanjo: Cassiel, o arcanjo de Saturno, conhecido por seus aspectos práticos, cautelosos e de estabelecimento de limites.

Fragrâncias: Hibisco, mimosa, patchouli, erva-doce, melaleuca e tomilho.

Gemas e cristais do poder: Bronzita, rosa-do-deserto, leopardita ou jaspe pele de cobra, quartzo-rutilado, todas as pedras jaspe com cor de areia ou sarapintadas de marrom e olho de tigre.

Chacra: Raiz ou base, também junto do chacra menor, chacra da estrela da terra, localizado nos tornozelos, nas solas e ao redor dos pés.

CINZA

A cor do comprometimento, da adaptabilidade e da habilidade de se camuflar. Esta é a cor do guardião de segredos e de mistérios.

O cinza faz parte do nível inferior da camada interna vermelha da aura, mas também pode emanar, por vezes, da faixa amarela, como uma espécie de névoa cobrindo toda a aura, quando alguém tenta esconder seus pensamentos ou intenções.

Características positivas: Um cinza prateado na aura revela neutralidade e um desejo de evitar questões controversas, emotivas ou que exijam comprometimento. Um cinza limpo indica alguém bom em trabalhar nos bastidores. Pessoas de aura cinza são geralmente muito difíceis de se conhecer, pois costumam agradar a todas as pessoas. Elas dificilmente chamam atenção para si mesmas e são espiãs e detetives naturais.

Características negativas: Um cinza opaco pode sugerir depressão e, quando situado na área dos joelhos, alguém preso ao luto. Um cinza esvanecido pode ser símbolo de indecisão e indicar uma pessoa que se encontra constantemente em cima do muro. Um cinza denso, enevoado, é como uma placa de "fique longe" na aura, geralmente porque há algo a se esconder (muita atenção caso se trate de um novo amante) ou porque esta pessoa carece de princípios. Um cinza sujo indica informações secretas ou meias verdades que podem sugerir que você deve ter cautela antes de confiar cegamente nessa pessoa.

Arcanjo: Raziel, anjo dos mistérios e dos segredos divinos, que se crê ter escrito a obra esotérica Livro do Anjo Raziel, um compêndio contendo todos os conhecimentos terrestres e celestes. Esse arcanjo é geralmente descrito como uma silhueta por trás de uma cortina cinza-escura e semitransparente.

Fragrâncias: Âmbar de baleia, cedro, lavanda, limão-verbena, manjerona-doce, mirra, almíscar e patchouli.

Gemas e cristais do poder: Lágrimas de apache, fósseis, ágata-cinza, pirita, laboradita, quartzo-fumê, tectita e ágata turritella.

Chacra: Raiz ou do plexo solar.

PRETO

Para transições, regeneração, sofrimentos e obstáculos a serem superados.

Embora o preto seja a parte mais inferior da camada interna da aura, ele pode aparecer em qualquer parte de sua área, especialmente em nós ou emaranhados, indicando sempre que aquele lugar necessita de uma atenção especial, principalmente se tratando de questões emocionais.

Características positivas: Um preto claro, quase transparente, pode indicar alguém que esteja descansando tanto emocionalmente quanto espiritualmente, talvez após um período exaustivo ou estressante, ou até mesmo após uma perda, e precisa de tempo para se fortalecer atrás de uma escuridão protetora. Porque a proteção psíquica tem relação direta em uma aura preta positiva, alguém ostentando essa coloração pode estar, de maneira espontânea ou mesmo deliberada, erguendo um escudo contra possíveis intrusões. Sendo assim, essa não é uma aura que você deve tentar ler.

Características negativas: Um preto mate indica exaustão e depressão, assumindo, com frequência, a forma de manchas ou faixas pretas, em vez de uma aura encobridora. Contudo, um preto poderoso demais e metálico pode sugerir que essa pessoa é um vampiro emocional ou psíquico, sofre de sérios vícios ou possui inclinação ao crime. Essa é uma aura que deve ser evitada, a menos que você tenha bastante experiência na arte da cura.

Arcanjo: Cassiel, o anjo da serenidade. Cassiel nos ensina sobre calma e quietude, a capacitar o pensamento e a fazer considerações cautelosas antes de tomar qualquer atitude.

Fragrâncias: Mirra, almíscar e artemísia.

Gemas e cristais do poder: Obsidiana, quartzo-fumê, lágrimas de apache, todas elas translúcidas.

Chacra: Raiz ou base, e o chacra menor, chacra da estrela da terra.

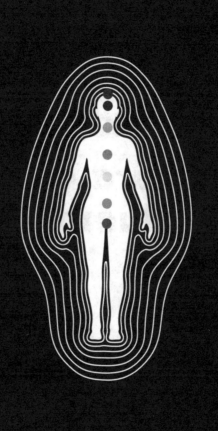

3

Aura de Humor

MANUAL PRÁTICO DAS

AURAS

S AURAS HUMANAS ESTÃO EM CONSTANTE MUdança. Elas podem ser afetadas, de maneira positiva ou negativa, pelos campos energéticos de outras pessoas com as quais interagem, ou pelos ambientes emocionais, mentais e físicos nos quais vivemos ou trabalhamos. Essas auras de humor também podem ser influenciadas por reminiscências e medos, ou até mesmo por ansiedade com relação ao futuro.

Algumas pessoas são mais propensas a oscilações de humor e, por isso, são especialmente sensíveis a eventos externos e pensamentos interiores.

Ser capaz de ler instantaneamente o humor dos indivíduos pela aura, e, com prática, também dos grupos de pessoas no trabalho ou em situações sociais, é algo que informa o que está acontecendo sob a superfície, fazendo com que você esteja sempre um passo à frente de todas as situações.

Ao longo do dia, diferentes pessoas e situações podem afetar temporariamente a cor da sua aura, ou, se você se concentrar profundamente nessa questão, podem até mesmo inundar de uma nova cor toda a sua aura. Por exemplo, se o seu foco for aprender algo novo, a cor amarela ficará em evidência. Se estiver trabalhando no seu desenvolvimento espiritual, por sua vez, uma das faixas superiores da

45

aura, como o índigo, pode encobrir temporariamente todas as outras sete cores, até mesmo cobrindo a cor estável da personalidade ou a cor permanente da aura, que descreverei com mais detalhes no próximo capítulo.

Essas cores temporárias tendem a piscar e a ser transitórias. Ao iniciar a prática da leitura de auras, a cor da aura de humor geralmente será a primeira e mais clara que você verá, pois, por ser abastecida de emoção, ela é o matiz que se espalha por todo o campo energético.

Este costuma ser o caso sempre que trabalho com o campo energético das pessoas, interpretando as imagens que são criadas por uma câmera especializada em capturar auras.[*] Uma câmera de aura converte as cores predominantes da aura em uma imagem impressa da cabeça e dos ombros. O mecanismo é ativado quando o indivíduo a ser fotografado se senta em frente à câmera e coloca as mãos sobre placas de metal.

Se uma cor estiver em evidência no momento da fotografia, será porque aquela cor reflete o humor imediato da pessoa sendo fotografada, pois costuma se sobrepujar a todas as outras. Certa vez, assisti um casal discutindo em frente à câmera, pois o homem acreditava que aquela foto seria um desperdício de dinheiro. Sua parceira retrucou, alegando que ele estava sendo avarento e sempre fazia o que podia para impedir que ela se divertisse. A mulher ainda estava fumegando de ódio quando se sentou para tirar a foto, recusando-se a se acalmar antes do registro. Como resultado, a fotografia tirada exibia um vermelho gritante encobrindo toda a aura da mulher, espalhando-se, vigorosamente, até as extremidades da imagem. Seu companheiro tinha saído enfurecido, então, infelizmente, não pude ver a foto da aura dele. Releia os dois capítulos anteriores e tente imaginar que cor a aura de humor dele ostentaria.

---

[*] Esta técnica fotográfica também é conhecida como "Fotografia Kirlian", mas existem algumas controvérsias quanto à sua capacidade de identificação da aura. Há grupos que acreditam que ela seja mesmo capaz de registrar a aura, enquanto outros creem que ela fotografe apenas os gases e vapores que emanam do corpo.

IDENTIFICANDO A AURA DE HUMOR

Ao se deparar com esse tipo de aura, você perceberá que ela tende a ser quase cintilante. De início, é provável que você a veja na sua mente. Se for uma pessoa lógica, sua mente pode, inclusive, bloquear parte desse processo. Nesse caso, tente dizer ou escrever a primeira cor que surgir conforme olha para a pessoa escolhida, pois isso, invariavelmente, irá se referir à aura de humor correta.

Comece programando seu terceiro olho e seu sexto sentido ao dizer, em voz alta ou silenciosamente: *Antes de mais nada, desejo me focar na aura de humor.*

Então olhe diretamente na direção do seu objeto ou, se achar que isso pode parecer pouco educado, foque-se na direção do ombro esquerdo ou direito da pessoa, o que parecer mais fácil. Você pode até escolher olhar para a pessoa pelas costas, pois a aura se estende ao redor do corpo por mais de uma braçada de espessura em seu ponto mais brilhante. A cabeça e os ombros sempre lhe darão uma visão mais nítida.

A seguir, feche os olhos pouco a pouco e, devagar, abra-os e pisque. Dessa forma, você verá a aura de humor instantaneamente. Independentemente de se deparar com essas cores na sua mente ou na visão externa, a textura da aura de humor será mais etérea que o corpo físico. Pode se assemelhar, inclusive, a um tecido finamente trançado, colorido, brilhante, ou a um material parecido com uma rede, movendo-se com rapidez, como água rasa ondulando sobre a areia ou a luz do sol dançando sobre o mar.

Se a aura de humor desaparecer antes que você tenha processado a informação, repita o exercício. Seu sexto sentido ou suas habilidades de clarividência (*kenning*, para os escoceses) vão logo se acostumar a esse método. Assim, a cor da aura permanecerá na sua mente por mais tempo. Lembre-se que ela pode aumentar ou diminuir de tamanho ou intensidade em menos de um minuto.

Se a aura de humor estiver pálida ou, ao contrário, intensa demais, você pode sentir efeitos físicos, como uma repentina exaustão e sensação de fadiga, talvez porque a pessoa de cuja aura você está fazendo a leitura esteja sofrendo algum tipo de agressão de um colega ou parceiro. Outro sintoma muito comum é um ranger involuntário de dentes, como se estivesse mastigando gelo, caso a pessoa analisada esteja prestes a agir de maneira repressora com alguém.

Algo a se atentar é quando uma criança passa a vir da escola para casa portando uma aura pálida; caso isso aconteça, faça perguntas delicadas sobre possíveis provocações no ambiente escolar, mesmo que não note sinais de violência física.

Lembre-se sempre de que o humor não precisa ser ocasionado por um evento do presente — às vezes, uma memória do passado pode agir de maneira intrusiva, inundando-nos de sofrimento ou alegria. Você, de forma bastante intuitiva, poderá sentir, com a prática, o período de tempo do evento causador da aura de humor, seja ele atual, relembrado, antecipado ou temido. Essa interpretação intuitiva é possível pois todas as impressões, imagens e palavras ditas ficam armazenadas na nossa aura, incluindo a raiva, a paixão, as memórias e os medos futuros. Quanto mais aprender sobre a aura, mais você será capaz de localizar esses humores com exatidão e de aplicar a cura necessária para contrapor qualquer negatividade.

Se você estiver vivenciando mudanças inexplicáveis de humor, veja se consegue conectar o momento dessas mudanças com uma situação parecida do passado. Se for uma mudança negativa, uma vez que saiba a causa desse humor, em você ou nos outros, poderá tomar uma atitude sobre isso; dizendo a coisa certa, oferecendo apoio, afastando-se de situações que possam causar desconforto ou usando uma cor como antídoto (mais detalhes sobre essa técnica no capítulo 6).

MONITORANDO SUA PRÓPRIA AURA DE HUMOR

Avalie sua própria aura de humor ao acordar e em intervalos regulares ao longo do dia. Você precisará de um espelho ou qualquer outra superfície refletiva para fazer esse exercício. Experimente com fundos claros e escuros e veja qual dos dois é de maior ajuda. A única coisa que você precisa enxergar com clareza são seus ombros e sua cabeça.

Cheque o espelho do banheiro do trabalho de tempos em tempos e, caso sua aura não lhe pareça positiva, jogue água sobre a linha do seu cabelo e sua sobrancelha para limpá-la. Se sua aura estiver próxima demais do seu corpo, você pode estar se sentindo na defensiva. Tenha em mente que a aura pode se retrair. Ao longo do livro, aprenderemos como encolher a aura como mecanismo de defesa.

Registre o que estiver acontecendo no momento em que conferir sua aura e você poderá encontrar um padrão de eventos ou de pessoas que despertam uma mudança negativa de humor ou até mesmo drenam sua aura, deixando-a pálida e esburacada. Por exemplo, na presença de um vampiro psíquico. Embora não tome consciência disso, você sentirá os efeitos do ataque à sua aura por horas — e até dias — após um encontro, independentemente se o ataque foi deliberado ou apenas uma interação qualquer com um sanguessuga energético ou uma alma pessimista. Ao antecipar a causa, você pode minimizar o impacto desse tipo de encontro ou proteger sua aura com antecedência.

Em contrapartida, procure estar ciente de situações e pessoas que enchem sua aura de contentamento e paz, tentando incorporar mais desses encontros no seu cotidiano.

Será que existem pessoas e eventos específicos que, por mera expectativa, acionam uma reação positiva ou negativa em nossa aura de humor? Isso pode conter pistas vitais sobre seu humor que tenham passado despercebidas. Por exemplo, talvez você não goste mais de encontrar um amigo com o qual sai todas as quartas-feiras à noite. Reflita sobre o que diz sua aura de humor. Talvez você deva, em vez disso, ir para a academia nesse dia específico da semana, ou simplesmente ficar em casa.

REGISTRANDO SUAS DESCOBERTAS

Por algumas semanas, pratique como identificar a aura de humor de diferentes pessoas no trabalho, em casa, na academia, na escola, nos meios de transporte, no aeroporto, ou até mesmo esperando na fila do supermercado. Para confirmar suas descobertas, sempre que possível, pergunte à pessoa cuja aura acabou de ser lida como ela está se sentindo. Monte uma pasta de estudo de auras comprando um fichário e escrevendo suas descobertas em um papel em branco enquanto continua a monitorar o humor. Comece desde já e, após terminar o livro, anote outros aspectos da aura também.

Crie uma página para cada uma das cores da aura, incluindo as cores elevadas e as cores secundárias, baseando-se nos dois primeiros capítulos do livro. Sempre que se deparar com uma cor nova, seja na aura de humor ou em qualquer outro aspecto, anote o que sentiu e o que *viu*, além das circunstâncias que deram à aura aquele tom específico. Só então construa sua própria lista de cores e significados.

Registre suas descobertas usando o molde de uma cabeça, como mostrado a seguir, que contenha as sete camadas da aura.

Desenhe sete círculos do mesmo tamanho ao redor da cabeça. Ao adquirir mais experiência, você perceberá que a aura de humor não só afeta e apaga as camadas interiores, como também pode perturbar ou evidenciar as camadas exteriores.

Faça observações detalhadas, anotando ao lado do diagrama, por exemplo, como uma aura de humor escarlate pode se tornar irregular durante o acesso de raiva de um adolescente ou de uma criança na primeira infância, principalmente quando o dono da aura pausa durante o ataque para observar se sua explosão de fúria está alcançando o resultado desejado.

Nas próximas semanas, compare as situações e as idades de pessoas nas quais você enxergue um tipo específico de aura de humor, por exemplo, um que esteja presente tanto em uma criança de 2 anos quanto em um chefe enfurecido com um prazo que não tenha sido cumprido. Veja a que conclusões chega e como seria a melhor forma de lidar com cada pessoa. No capítulo 6, aprenderemos sobre cores que funcionam como antídoto para eventos desse tipo.

Ao começar o estudo das auras, algumas pessoas notam que é possível enxergar, além da aura de humor, duas ou três cores, consistentes e vívidas, mas que costumam ser estáticas e em uma tonalidade mate. Essa visão se dá de maneira meio enevoada, como se você estivesse na janela de um avião e olhasse através de camadas de nuvens para a paisagem embaixo. Isso pode ocorrer com mais frequência com a observação da sua própria aura e da aura de pessoas com as quais você interage regularmente. Elas são as cores básicas da personalidade ou as cores permanentes da aura. Conforme mencionamos anteriormente, elas podem se estender além de suas camadas, em períodos específicos da vida, ou se forem indicativos de fortes traços de personalidade.

Contudo, se você vir apenas a aura de humor inicialmente, mesmo assim tente colorir todas as outras faixas daquele tom. No capítulo 4 mostraremos um método para colocar a aura de personalidade em foco.

No tempo certo, você terá criado um diagrama bastante detalhado das sete camadas da aura que lhe dirá tudo que você precisa saber para purificar, curar e fortalecer a sua aura. Ainda que utilize os significados das cores básicas expostos nos dois primeiros capítulos, a fim de compreender melhor o contexto da aura de humor, sempre confie na sua intuição e nas suas sensações para ser guiada pelos pensamentos e sentimentos de outro indivíduo. Quanto mais precisas se tornarem suas observações diárias, mais confiante você se tornará do desenvolvimento de sua habilidade de leitura.

No ambiente de trabalho, por exemplo, preste atenção se a chegada — ou a expectativa da chegada — de uma pessoa em particular do escritório (pode ser um visitante da sede, ou a cônjuge do seu chefe) afeta as auras de todo o grupo da mesma maneira ou se percebe reações distintas. Nesse mesmo âmbito, estude as auras de humor de um grupo de pessoas na segunda-feira de manhã, antes de um fim de semana ou feriado, quando estão lidando com alguma pressão no trabalho e durante uma reunião ou palestra. Foque-se naqueles que parecem estar se concentrando na questão e naqueles que estão sonhando acordados; tente descobrir o que os está distraindo.

A aura de humor lhe dará pistas. Por exemplo, um verde rutilante pode indicar expectativas relacionadas a um encontro amoroso que está por acontecer. Nas manhãs de segunda-feira, por outro lado, observe a aura de cada um que entra no ambiente de trabalho e, se possível, pergunte o que cada um fez durante o fim de semana. Em um dia útil, você pode captar pela aura de humor uma certa pressa em pegar as crianças da escola — ou em deixá-las lá — e algum assunto doméstico que possa estar causando preocupação. Faça comentários casuais para provocar respostas sobre como a manhã está sendo difícil ou como a pessoa está empolgada com um evento que esteja para acontecer.

Em uma festa de aniversário, uma comemoração de aposentadoria, um casamento ou uma celebração familiar, preste atenção nas pessoas cujas auras de humor contradizem as próprias atitudes e palavras (tédio, irritabilidade, ciúmes, paixão reprimida por um dos noivos) ou mesmo que demonstrem o prazer esperado da ocasião. Trabalharemos nessas questões com mais detalhe no capítulo 7, cujo foco é interações da aura.

Outra prática interessante é a de observar as pessoas com medo de voar em um avião (um vermelho gritante pode indicar o desejo de fugir). Os resultados podem ser surpreendentes. Ao se sentar ao lado de alguém em um trem ou ônibus, também avalie sua aura de humor e tente conversar com essa pessoa acerca do motivo de sua viagem.

Escolha quatro, cinco ou seis objetos para estudar profundamente por várias semanas — podem ser alguns colegas de trabalho ou alguns membros da sua família — e faça anotações sobre as cores de suas auras de humor em diferentes horas do dia e da semana. Se uma amiga sempre visita os sogros às terças-feiras, note como a cor da sua aura de humor muda não só no dia da visita, mas até mesmo na tarde anterior.

Após visualizar a aura de seus objetos de estudo, tente acessar os eventos que transformaram as cores da aura. Se possível, coloque uma caneta sobre uma folha de papel e deixe as palavras fluírem. Se você tentar com jeitinho, é possível fazer perguntas sobre os sentimentos dessas pessoas, pois você já as conhece. Quanto mais calma sentir, mais informações intuitivas chegarão até você.

Sempre que vir um parente, companheiro, vizinho ou colega de trabalho subindo a rua ou atravessando o estacionamento, tente ler rapidamente essa pessoa e antecipar seu humor. Você também pode tentar isso quando estiver encontrando alguém para o almoço, durante uma entrevista ou após o trabalho.

Aura de Personalidade

MANUAL PRÁTICO DAS
AURAS

A AURA DE PERSONALIDADE NOS AJUDA A COM-preender por que as pessoas agem da forma como agem. Ela fornece informações sobre que tipo de pessoas elas são e que coisas importam para elas. Quando souber fazer esse tipo de leitura, também saberá a abordagem certa a ser adotada quando estiver lidando com cada indivíduo. Já mencionamos a existência de uma, duas ou até três áreas de cor mate atrás da aura de humor. São as auras de personalidade. Elas são mais estáticas e suaves. De recém-nascido até a primeira infância, as cores da aura de personalidade mudam rapidamente. Essas transições também podem ser vistas durante a adolescência e no início da vida adulta, embora a cor do núcleo sempre permaneça a mesma, ou apresente apenas leves mudanças.

Na vida adulta, contudo, só há alterações nas cores da aura de personalidade devido a grandes acontecimentos que venham a mudar a vida daquela pessoa, por exemplo, apaixonar-se perdidamente (verde-esmeralda), dar à luz a um bebê (cor-de-rosa), descobrir um dom para a espiritualidade (índigo) etc. Em qualquer um desses casos, a aura mudará drasticamente de cor. O mesmo vale para acontecimentos negativos; ser profundamente magoado por uma traição, por exemplo, pode mudar a aura da noite para o dia, criando barreiras escuras ou sóbrias na aura.

IDENTIFICANDO OS ASPECTOS DA AURA DE QUE VOCÊ MAIS NECESSITA

No capítulo 3, focamos apenas na aura de humor. Agora, a aura de personalidade permanente terá destaque. Pense nela como as múltiplas lentes de uma câmera fotográfica profissional, e como pode ser necessário trocá-las para se focalizar naquilo que você deseja registrar.

Você verá ou sentirá, de maneira espontânea, as sete cores da aura — mais com o intuito de conseguir informações e um aprofundamento de leitura do que com o propósito de curar. Então é preciso que aprenda a se focar na aura de humor e na aura de personalidade e colocar esses aspectos sob foco.

Se quiser ver a aura de personalidade diretamente, após ter estudado a aura de humor, espere alguns minutos, feche os olhos, e descanse todos os seus sentidos psíquicos ao imaginar um pano de veludo azul-marinho em sua mente. A aura de humor irá automaticamente recuar e, ao abrir os olhos, a aura de personalidade substituirá a aura de humor em sua visão psíquica. Exploraremos mais técnicas de visão e captação da aura de personalidade adiante no capítulo.

A IMPORTÂNCIA DE COMPREENDER A AURA DE PERSONALIDADE

Conforme você passa a confiar nas suas descobertas, é possível que às vezes descubra incongruências surpreendentes, como alguém que não pareça gostar do trabalho, embora seja excelente em suas funções. Por exemplo, você pode encontrar um contador índigo ou uma educadora infantil amarelo-limão que tenha optado por mudar de carreira mais tarde na vida, uma vez que tenha adotado um trabalho inicial apenas para agradar aos pais ou porque parecia a opção mais sensata. Se você trabalha como terapeuta ou na área de recursos humanos, a leitura da aura de personalidade pode ser uma habilidade valiosa para compreender dilemas que pareçam não ter causa aparente.

O contador índigo, por exemplo, pode ser alguém extremamente intuitivo, que saiba exatamente onde estão os erros e as questões problemáticas, e seja popular com os clientes por ter um comportamento gentil e encorajador. A educadora infantil, por sua vez, pode ser extremamente organizada e fazer questão de que cada uma das crianças esteja sendo cuidada da melhor forma possível.

Ao participar de entrevistas, você pode compreender rapidamente não só o humor dos entrevistadores, mas também o centro de valores que consideram importantes. Em outras situações, como estando em um evento de solteiros,* encontrando colegas de trabalho em um novo emprego ou curso de treinamento, indo em um evento social com um parceiro ou conhecendo a família da pessoa amada, com a leitura das auras, você saberá a abordagem certa e que tópicos são seguros para serem discutidos.

Com o tempo, você será capaz de ler as auras de personalidade pela voz, ao falar com alguém pelo telefone, ou até mesmo olhando fotografias on-line em sites de namoro.

---

* Bastante comum nos Estados Unidos e na Europa, os eventos para solteiros são encontros planejados especialmente para que pessoas solteiras se conheçam. O *speed-dating*, quando as pessoas têm vários encontros na mesma noite, é um evento bastante popular do gênero.

ESTUDANDO DETALHADAMENTE A AURA DE PERSONALIDADE

Pessoas que têm apenas uma cor em suas auras de personalidade tendem a ter um caráter muito rígido e definitivo, são pessoas de opiniões inabaláveis. Contudo, se a aura de personalidade for pálida, de uma cor desbotada, essa pessoa provavelmente foi abusada física ou emocionalmente em algum momento de sua vida e é extremamente retraída quanto a expressar opiniões, preferências e desinteresses.

Técnicas para enxergar a aura de personalidade

Trabalhe inicialmente com objetos de estudo que conheça bem até que se sinta bastante confiante quanto às suas habilidades de leitura. Só então tente ler as auras de personalidade de estranhos ou conhecidos que apareçam ocasionalmente no trabalho ou que você encontre socialmente, talvez na academia, a fim de que possa ter algum feedback uma vez que faça perguntas — sempre com tato — sobre seus estilos de vida e preferências.

Enquanto estiver estudando a aura de humor, programe seu terceiro olho pedindo a ele ajuda para focalizar a aura de personalidade. Olhe, então, em direção ao seu objeto, mas não o encare. Apenas observe através de olhos semiabertos, e a aura de personalidade, em tom suave e mate, aparecerá espontaneamente. Se isso não acontecer, feche os olhos o mais devagar possível e abra-os no mesmo ritmo, mas não pisque. A aura de personalidade deve permanecer presente por um ou dois minutos, até mais. Se não, repita o processo. Conforme for adquirindo experiência, tente notar a aura de humor ao fundo, cintilando atrás da aura de personalidade.

Caso não consiga ter nenhuma visão, nem interna e nem externamente, nomeie e escreva as cores que sente sem pausas. Esse método romperá qualquer bloqueio inconsciente.

Registrando a aura de personalidade

Ao registrar suas descobertas no diagrama das sete faixas, insira as cores e etiquete o diagrama de acordo com o que vê, além das posições relativas das cores, pois um novo aspecto de personalidade pode estar emergindo.

Muito provavelmente, a aura de personalidade preencherá a maior parte das sete faixas da aura. Contudo, às vezes, a aura de personalidade cobrirá apenas as camadas externas do diagrama, cada uma pertencendo à sua própria linha de cor. Se isso acontecer, especialmente se essas faixas de cor não estiverem próximas umas das outras, pode ser que a personalidade esteja sendo oprimida por circunstâncias externas ou pela negação do Eu verdadeiro. Isso pode ser confirmado se, por exemplo, houver um verde pálido na quarta camada de dentro para fora, o que pode sugerir que a pessoa está vivendo a vida dos outros.

As posições das cores também são significativas para avaliar a natureza predominante da pessoa, pois uma cor pode obscurecer outra(s). De forma alternativa, pode haver uma faixa fina de uma cor secundária bastante distante, em direção ao cosmos, indicando que ela ainda não está ativa, mas pode conter a chave para a felicidade.

Quanto mais próxima a cor da personalidade estiver do chacra da cabeça ou da coroa, mais ela se manifestará no dia a dia. Se você vir faixas de tamanhos uniformes, isso pode indicar que se trata de uma pessoa equilibrada em diferentes aspectos, como na lógica, na criatividade e nos interesses do lar e do trabalho.

Se a personalidade da pessoa for especialmente dominante, a cor da aura de personalidade se espalhará sobre as faixas e no espaço entre elas. Isso costuma acontecer em cores de personalidade única, como no caso do azul-marinho; rígido e autocrático.

Lembre-se de sempre manter uma boa seleção de lápis de cor, giz de cera ou canetinhas em mãos. Escolha estojos que tenham pelo menos três tons para cada cor.

UMA ABORDAGEM ALTERNATIVA

Se os métodos sugeridos até agora não estiverem funcionando para você, considere as seguintes sugestões, que recorrem à psicometria, ou o toque psíquico.

Primeiro, sem pressa, revisite os exercícios de observação descritos até agora no livro. Então tente a seguinte técnica, que lhe capacitará a identificar as auras de humor e personalidade quase instantaneamente caso você esteja sofrendo de algum bloqueio.

Como já foi sugerido, utilize um conjunto de lápis de cor, giz de cera, canetinhas ou tintas; faça questão de ter pelo menos três tons para cada cor, além de um conjunto com glitter para a aura de humor. Escolha as que brilham e têm diferentes matizes, já que é assim que a aura de humor se comporta. Encontrei as minhas na seção infantil de uma papelaria no supermercado do meu bairro.

Temos chacras menores e pontos psíquicos de energia nas duas mãos, mais especificamente no centro das nossas palmas. Esses chacras são conectados ao centro do chacra do coração, um lugar no qual o conhecimento psíquico é canalizado. Sendo assim, a técnica de colorir espontaneamente é uma boa forma de registrar o que o olho físico não está enxergando.

Escolha um objeto de estudo que fique parado por tempo suficiente. Você não precisa conhecer a pessoa, por isso, pode se sentar em um parque ou em uma praça da cidade, observando alguém almoçar enquanto lê um livro ou usa o aparelho celular. Também é possível estudar alguém que esteja sentado do outro lado do escritório, falando ao telefone. Sente-se de forma a ver a cabeça, o rosto, ou as costas do seu objeto, se possível, emoldurado por uma luz suave.

Para observações da aura de humor e de personalidade, relaxe e deixe seus olhos entrarem lentamente em foco, como quando está devaneando ou caindo no sono, a fim de que a imagem da pessoa que esteja observando fique quase borrada. Algumas pessoas acham mais fácil olhar para a parte lateral da figura, em vez de centralizá-la na visão. Outra possibilidade é olhar alguns centímetros acima do ombro da pessoa.

Nesse momento, desenhe um círculo para representar a cabeça do seu objeto em uma folha de papel branca e, ao redor da cabeça, desenhe um círculo interno para ilustrar a aura de personalidade e um círculo externo para ilustrar a aura de humor. Então, selecionando seus lápis ou giz pelo toque, em vez de olhar para o estojo, preencha com cor a aura de humor no seu diagrama. Olhe da pessoa para a página e da página para a pessoa, de forma lenta e contínua, mas não tente controlar o que sua mão está fazendo. Deixe que o ato de colorir flua naturalmente.

Se nenhuma das cores cintilantes parecer certa para representar a aura de humor ao tocá-las, tente os lápis de cor, pois suas cores são mate, e a aura de humor pode estar refletindo tédio, exaustão ou um quadro depressivo. Você pode estudar e registrar o tom da aura de personalidade da mesma forma, permitindo que a espessura das faixas, podendo ter de mais de uma cor, apareçam espontaneamente. Lembre-se de fechar os olhos e permitir que a cortina de veludo azul adentre sua mente antes de passar a retratar a aura de personalidade.

O PRÓXIMO PASSO NA LEITURA DE AURAS

Agora vamos combinar leituras de humor e de personalidade e adicionar o que você já aprendeu até agora a fim de evocar mais detalhes. Faça fichas das pessoas que você observa regularmente, sempre começando pela aura de humor e só então fazendo a parte da aura de personalidade. Você passará a olhar os dois aspectos da aura em maiores detalhes para observar, com seus olhos físicos, manchas escuras, buracos e nós que possam estar dentro dos fios da aura, seja ela de humor ou de personalidade.

Por agora, continue a desenhar a cabeça como um círculo e a registrar a aura de personalidade como o círculo interno ao redor da cabeça (as cores podem se sobrepor) e a aura de humor como um círculo externo ao redor do círculo da personalidade.

Dessa vez, você não olhará diretamente para a pessoa ou piscará, embora, caso sinta a necessidade de piscar ou fechar os olhos momentaneamente, isso não seja um problema. A chave é não se forçar a fazer nada, deixe fluir.

Agora, escolha as cores de maneira consciente.

Estude a aura de humor antes, utilizando o método sugerido no capítulo anterior, então feche os olhos e visualize a cortina de veludo azul. Só então estude a aura de personalidade, utilizando a técnica ensinada previamente neste capítulo.

Além de registrar suas cores e tonalidades, tome nota de linhas pontiagudas, nós, emaranhados, manchas escuras, áreas empalidecidas, ou até mesmo buracos que você seja capaz de enxergar. Todos esses detalhes indicam traumas emocionais. Por exemplo, um gatilho causado por um emaranhado na aura de humor pode causar uma reação inapropriada em algum momento. A fonte pode ser uma ofensa antiga que torna qualquer tipo de crítica inaceitável. Você também pode ouvir palavras ou frases em sua mente que forneçam mais informação sobre a aura e a pessoa que você está estudando, então anote-as no seu diagrama também.

Ao sentir que não conseguirá extrair novos conteúdos e informações, etiquete a figura com o local, a data e, caso você a conheça, o nome da pessoa estudada. Se você realmente a conhece, poderá então combinar a informação adquirida com a leitura da aura com circunstâncias reais. No entanto, esse não é o foco nesse momento, mas sim a prática.

A PRÁTICA CONTÍNUA DA LEITURA DA AURA DE PERSONALIDADE

Leia as auras de personalidade em todos os lugares, mesmo que não receba feedbacks. Faça isso principalmente com pessoas com as quais possa conversar (pode ser extremamente fácil iniciar um papo casual) e sempre leia suas auras de personalidade.

Veja se as cores da aura do pai dedicado (rosa vívido) e a do executivo estressado (azul brilhante demais) estão equilibradas, ou se há quaisquer cores turvas que possam sugerir conflitos de interesse. Para registrar esses detalhes extras claramente, crie um diagrama da cabeça circundada por dois círculos. No primeiro círculo, registre a aura de humor, no segundo, registre a aura de personalidade. Ao se sentir cada dia mais familiarizado e experiente na leitura de auras, um diagrama mais complicado, envolvendo sete círculos — um para cada camada da aura —, pode se tornar útil uma vez que você comece com o trabalho de limpeza e cura.

Purificação, Cura e Energização da Aura

MANUAL PRÁTICO DAS
AURAS

DEPOIS DO ESTUDO DAS AURAS DE HUMOR E DE personalidade, você provavelmente já está ciente das faixas de cor no fundo da aura.

Essas sete faixas de cor, e as cores secundárias dentro delas, são a chave para a saúde e o bem-estar, e é por meio delas que você pode limpar e energizar toda a sua aura. Você também pode restaurar e potencializar diferentes aspectos dela que possam causar desequilíbrio no corpo, na mente e na alma.

Se a aura de um indivíduo estiver sob algum bloqueio, hiperativa ou enfraquecida, seus efeitos podem trazer à tona doenças para as quais a pessoa já tem predisposição, ou então podem até mesmo exacerbar problemas físicos preexistentes. Por exemplo, o estresse se reflete na aura por meio de pontas, nós e emaranhados, o que pode causar uma doença ou encorajar doenças já em ação.

Com permissão, claro, você pode limpar, restaurar e energizar as auras de seus amigos, família ou clientes. Se estiver fazendo esse trabalho para alguém doente, pergunte se essa pessoa ficaria feliz em receber um trabalho de cura. Se ela aceitar, isso já significa que o procedimento será bem-sucedido.

COMO IDENTIFICAR AS DIFERENTES FAIXAS DA AURA

As sete faixas aparecem como uma auréola de arco-íris ao redor do corpo no formato de uma elipse, mas, novamente, elas se evidenciam na região da cabeça e dos ombros.

Peça ao seu terceiro olho que mostre todas as sete camadas, assim como fez anteriormente com a aura de humor e a aura de personalidade. Relaxe e observe através de olhos semiabertos, se necessário, fechando-os e abrindo-os lentamente, por duas ou três vezes, enquanto mira um espelho ou, ainda, focando-se na cabeça e nos ombros da pessoa que você decidiu ajudar.

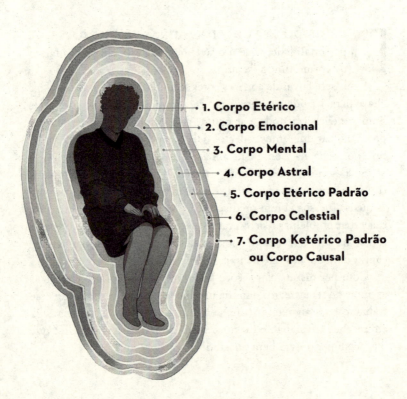

1. Corpo Etérico
2. Corpo Emocional
3. Corpo Mental
4. Corpo Astral
5. Corpo Etérico Padrão
6. Corpo Celestial
7. Corpo Ketérico Padrão ou Corpo Causal

AS SETE CAMADAS DA AURA

Cada camada da aura é naturalmente energizada e vitaliza um chacra específico, os centros energéticos invisíveis do nosso corpo interior. Cada camada da aura reflete a cor de seu próprio chacra. Os efeitos de chacras bloqueados ou hiperativos são refletidos nas camadas da aura e podem ser curados ou energizados por meio do trabalho direto com a aura. As cores da aura se espalham a partir do nosso corpo espiritual, do qual os chacras são parte essencial.

1. O CORPO ETÉRICO:
A PARTE MAIS PROFUNDA DA AURA

A primeira camada da aura é de cor vermelha e é energizada pelo chacra base ou raiz. O marrom, o preto e o cinza são cores que também emanam desse centro energético. Essa camada vermelha reflete os instintos básicos e a saúde física em geral. Ela abrange os mecanismos de defesa e a estamina utilizada para energizar o corpo. Raiva e agressão descontroladas, além de sentimentos mais positivos — como senso de oportunidade, sensação de perigo e mecanismos de sobrevivência —, também residem aqui.

A camada etérica da aura comanda as pernas, os pés e o esqueleto. Isso inclui os dentes, as juntas, os músculos, as estruturas celulares, as entranhas, a próstata, o sistema circulatório e o intestino grosso.

2. O CORPO EMOCIONAL:
A SEGUNDA CAMADA DA AURA

A segunda camada da aura é energizada pela cor laranja e pelo chacra sacral. A aura nesse nível pode transmitir uma luz alaranjada ou prateada, especialmente quando questões sexuais ou de fertilidade são predominantes na vida da pessoa.

Esta é a camada da aura que lida com os desejos, sejam eles físicos ou emocionais, como de amor, sexo, aprovação, comida ou outros estímulos orais, como bebidas, cigarros ou transtornos alimentares. Outro aspecto que reside nesse nível são as nossas intuições.

A camada emocional da aura, como o chacra sacral, comanda a água dentro do corpo — por isso está relacionada a questões como retenção de fluídos e hidratação, hormônios, o sistema reprodutivo, a fertilidade, os rins e a bexiga. Ela é uma camada especialmente sensível ao estresse.

3. O CORPO MENTAL:
A TERCEIRA CAMADA DA AURA

A terceira camada da aura é energizada pelo amarelo-dourado e pelo chacra do plexo solar.

Esta é a camada que reflete nosso poder individual, nossa confiança, determinação e singularidade. Ela costuma estar sempre em hiperatividade no nosso mundo moderno, competitivo e exigente.

A camada mental da aura e o chacra do plexo solar são responsáveis pela digestão, pelo fígado, pelo baço, pela vesícula biliar, pelo abdômen, pelo estômago, pelo pâncreas, pelo intestino delgado, pelo metabolismo, pela lombar e pelo sistema nervoso autônomo.

4. O CORPO ASTRAL:
A QUARTA CAMADA DA AURA

A quarta camada da aura é energizada por um verde vívido e pelo chacra cardíaco. O cor-de-rosa também pode emanar desta aura.

Este nível controla a habilidade de dar e receber amor e de compreender e sentir empatia pelos outros sem se afogar em culpas ou tomar para si toda a responsabilidade.

O turquesa, como uma fina faixa externa dentro dessa camada da aura, pode ser bastante proeminente caso a dona da aura seja uma pessoa espiritualista e altruísta.

O corpo astral e o chacra cardíaco cuidam do coração, do peito e dos seios, dos pulmões, dos linfonodos, da pressão sanguínea e da circulação, da parte superior das costas e da pele. Ele também controla os vírus e as alergias.

5. O CORPO ETÉRICO PADRÃO: A QUINTA CAMADA DA AURA

A quinta camada da aura é energizada pela cor azul-celeste e pelo chacra laríngeo ou da garganta.

Esta é a camada da aura que controla a capacidade de sonhar e, além disso, tem relação com a criatividade, a comunicação, a escuta, a fala, a formulação e a expressão de ideias e o desenvolvimento de ideais.

O corpo etérico padrão e o chacra da garganta comandam a garganta e os órgãos da fala, a glândula da tireoide, o pescoço e os ombros, os canais auditivos, a boca e a mandíbula.

6. O CORPO CELESTIAL: A SEXTA CAMADA DA AURA

A sexta camada da aura é energizada pela cor índigo e pelo chacra frontal ou do terceiro olho.

Neste nível da aura, que lida com a imaginação, a inspiração, os pesadelos, os medos e as fobias, seu bem-estar espiritual pode afetar o seu bem-estar físico.

O corpo celestial e o chacra do terceiro olho controlam os olhos, as cavidades nasais, as orelhas, as dores de cabeça (ou enxaquecas), a glândula pituitária, o cerebelo, o prosencéfalo, e sua influência irradia para a cavidade central do cérebro.

7. O CORPO KETÉRICO PADRÃO OU CORPO CAUSAL: A SÉTIMA CAMADA DA AURA

A sétima camada da aura é energizada pelo chacra da coroa ou coronário, cuja cor é violeta, combinada ao branco e ao dourado. Este é o nível total de integração da aura.

O corpo ketérico padrão e o chacra da coroa são responsáveis pelo crânio, pelo sistema autoimune, todas as funções neurológicas, a parte superior do cérebro, o córtex cerebral, o sistema nervoso central, a glândula pineal e os cabelos. Eles integram o funcionamento conjunto de corpo, mente e espírito.

AVALIANDO O BEM-ESTAR DAS SETE CAMADAS DA AURA UTILIZANDO O PODER DO TOQUE

Este método nos capacita a sentirmos as sete faixas da aura separadamente, utilizando a psicometria ou o toque psíquico, como já mencionamos, a fim de avaliar a condição geral da sua aura, além de considerar quaisquer fatores relevantes entre as camadas. Você também pode tentar essa técnica com amigos ou familiares enquanto eles ficam sentados confortavelmente.

Confie no que seus dedos estão transmitindo pelo toque, mas também no que consegue captar pela clarividência, por meio da visão, de impressões ou de palavras que surjam de maneira espontânea em sua cabeça. Você conseguirá sentir ou até mesmo *ver* as cores.

Perceba em que parte da aura você nota problemas. Consegue sentir nós ou emaranhados que possam ter sido causados por estresse que não puderam ser exteriorizados, por exemplo, no azul do corpo etérico padrão?

Comece o trabalho no ar, diretamente acima de sua cabeça, cerca de um braço de distância do seu cabelo. Deixe as mãos viradas com as palmas voltadas para baixo. Mantendo-as a um braço de distância, mova devagar seus braços a fim de que se estiquem na horizontal e as palmas das suas mãos fiquem diante das orelhas. Tente mantê-las paradas, conservando a mesma distância já explicitada do seu cabelo. Você sentirá um leve zumbido, uma pequena descarga elétrica, um pouco de calor, como se estivesse em contato com faíscas, exatamente onde os limites exteriores da sua aura se fundem com o cosmos.

Se não conseguir detectar nada, mova as mãos devagar para dentro, pois sua aura pode estar temporariamente retraída, se você estiver cansada, doente ou se sentindo pressionada. Uma vez que tenha encontrado o lugar certo, siga esta borda formigante, ao redor da cabeça e dos ombros, onde sua aura toca o cosmos, ainda mantendo as mãos nas laterais da cabeça.

Assim que tiver encontrado a camada exterior, retorne as mãos para a posição central da coroa onde você sentiu os limites entre a aura e o cosmos. Mova ambas as mãos, lado a lado, verticalmente, para dentro, através da camada da sétima aura, para localizar, por meio do toque, uma luz quase grudenta, que indicará os limites interiores da sétima faixa e as fronteiras exteriores da sexta camada da aura, de cor índigo.

Tão logo tenha localizado essa parte, mova as mãos de volta a fim de que estejam de novo cada uma de um lado da cabeça, traçando o formato da aura.

Vá fazendo esse procedimento, avançando cada vez mais, até ter localizado as outras seis camadas, cada uma menos etérea que a anterior. A camada mais profunda da aura (a de cor vermelha, do chacra raiz) quase tocará os seus cabelos. Você sentirá uma leve resistência cada vez que se mover entre camadas. As energias da aura emitem uma sensação ondulatória — como se o ar fosse soprado de um ventilador quase desligado —, mas podem ser percebidas de forma mais poderosa entre as camadas.

Uma vez que tenha sentido toda a sua aura, mova as mãos para fora outra vez, a fim de tocar os limites exteriores, voltando, camada por camada, muito lentamente, sempre pausando para sentir quaisquer áreas que estejam enfraquecidas, com nós, emaranhados ou linhas pontiagudas.

PURIFICAÇÃO, CURA E ENERGIZAÇÃO DA AURA

Registrando os resultados

Ao terminar de avaliar a saúde de sua aura, desenhe cabeça e ombros em seu fichário e, ao redor do desenho, faça as sete camadas da aura, exatamente como fez quando estava estudando as auras de humor e personalidade. Marque quaisquer problemas que tenha encontrado ao penetrar as camadas.

Crie símbolos para indicar cada tipo de deficiência. Por exemplo, linhas em ziguezague para denotar pontas, pequenos nós para representar emaranhados, pequenos buracos para mostrar exaustão. Se a aura estiver completamente pálida, você pode desenhar uma linha pontilhada para representar essa camada. A impulsividade, por outro lado, pode ser representada por uma série de espirais sobrepostas.

Você perceberá que sabe as cores e tons certos automaticamente, mas preste atenção e note se algumas delas não estão presentes ou foram encobertas por outras cores de aura.

PURIFICANDO E ENERGIZANDO A AURA

Uma vez por semana, depois de alguns dias cansativos ou desafiadores, faça esse procedimento utilizando um pêndulo de cristal transparente. O pêndulo é um condutor de luz branca energética — a síntese de todas as cores — e, conforme se move pela aura, libera outras cores espontaneamente, na intensidade desejada.

Quando estiver trabalhando para você, cuide da aura ao redor da cabeça e dos ombros; os resultados benéficos desse tratamento se espalharão para o restante do corpo. Ao trabalhar com outras pessoas, talvez você encontre quem prefira mover o pêndulo por toda a aura, da cabeça até os pés, na frente e atrás, uma vez que a aura envolve o corpo todo em elipse.

Purificando a aura com o pêndulo de cristal transparente

Observe seu diagrama e segure o pêndulo de forma que ele possa balançar livremente, por uma corrente ou sustentado por sua mão dominante.

Balance o pêndulo devagar em movimentos espiralados, em sentido anti-horário, dentro e fora da sua aura, ao redor da cabeça e dos ombros, de fora para dentro, de forma que quase toque a linha do seu cabelo. Então faça o caminho inverso, muito devagar, como se estivesse tecendo uma teia de luz.

Você pode sentir saliências e pontas em alguns lugares, como uma fileira de agulhas voltadas para fora. Nesses pontos, o pêndulo deve se mover rapidamente em sentido anti-horário. Você pode sentir leves náuseas ou arrepios nos dentes. Esses ângulos pontiagudos costumam penetrar diversas camadas da aura, como reflexo de uma situação estressante.

Confie nos movimentos do pêndulo e você saberá com que intensidade deve mover o instrumento, sempre em sentido anti-horário para desatar um nó, ou de forma circular para suavizar manchas intensas demais na aura.

Se o pêndulo repentinamente passar a girar em sentido horário, permita que ele o faça. Isso pode ocorrer porque caso aquela área precise de mais luz e energia para superar alguma resistência da aura. Em momentos como esse, é possível que você entre em um leve estado de transe.

O pêndulo se moverá gentilmente sobre um lugar no qual existir um nó, como se fosse um fio se soltando. Emaranhados, ou grupos maiores de nós, causarão movimentos de vai e vem, como se o pêndulo estivesse tentando se libertar de algo que o contém.

Se a aura estiver hiperativa em alguma das camadas, ou até em duas ou três, o pêndulo vibrará rapidamente e se balançará de um lado para o outro. Você pode sentir uma irritação momentânea ou uma aceleração dos batimentos cardíacos. Continue a mover o pêndulo suavemente em círculos anti-horários até que essa sensação cesse.

Por fim, quando sentir o murmurar de uma energia gentil e um leve zumbido, como se um aquecedor tivesse sido ligado, o pêndulo passará a operar mais lentamente e parará de forma espontânea.

Energizando a aura

Mergulhe o pêndulo nove vezes dentro de um copo d'água, então segure-o sobre a chama de uma vela ou uma fonte de luz natural por alguns segundos. Depois disso, passe o pêndulo, fazendo círculos em sentido horário, sobre toda a sua aura, de fora para dentro e de dentro para fora, ritmicamente, lembrando-se das partes onde encontrou cores pálidas e buracos de onde a energia estava vazando.

Remende um buraco ao percorrer a área repetidamente em pequenos e suaves círculos, em sentido horário, como se estivesse colorindo o interior de bolinhas em um papel. É possível que o pêndulo retorne a alguns pontos da aura, como se soubesse que aqueles locais específicos precisam de infusões extras de poder.

Quando a aura estiver plenamente energizada, o pêndulo parará por conta própria.

Termine o processo com três círculos, em sentido horário, um braço de distância acima da cabeça, para selar as energias. Para mais métodos sobre como selar a aura, veja o capítulo 9.

Para finalizar, mergulhe o pêndulo nove vezes dentro do copo d'água e deixe-o secar ao ar livre.

Conferindo os resultados

Agora, reverifique sua aura com a ajuda do pêndulo e crie um novo diagrama, voltando o pêndulo para as áreas com problemas, ou seja, aquelas que precisam de limpeza ou energização.

Fortalecimento e Cuidado da Aura

MANUAL PRÁTICO DAS

AURAS

A MANUTENÇÃO DA AURA PODE SE TORNAR PARTE da sua vida cotidiana, mesmo que você não tenha muito tempo livre. Para tal, é possível fazer alterações duradouras, de semanas a meses nas camadas da aura, para superar um humor negativo que costuma ser ativado sempre pela mesma pessoa ou situação, ou, ainda, para modificar ou dar evidência a um traço específico de personalidade. Além disso, você também pode desejar trabalhar algum problema de saúde relacionado a uma das faixas da aura.

Ao trabalhar regularmente com a aura é possível trazer cura tanto para doenças físicas quanto para questões emocionais, impedindo que esses problemas voltem a acontecer tão facilmente no futuro.

ENCHENDO SUA AURA DE LUZ, PODER E HARMONIA

Uma vez por mês, ou antes de ocasiões especiais, como uma entrevista ou um encontro especial, encha sua aura de luz, resplendor e poder vindo do cosmos, a fim de que possa atrair instantaneamente boas situações, boas oportunidades e pessoas igualmente benéficas. A técnica seguinte, se praticada regularmente, dá assistência e ajuda a aliviar doenças crônicas ou dores e indisposições de causas desconhecidas.

Criando sua própria aura de arco-íris e carisma

Trabalhe sob a luz do sol, da lua ou debaixo da pura luz branca das velas. Levante os braços e faça um arco acima de sua cabeça, de maneira que suas mãos se curvem para dentro, acima do centro de sua cabeça, em concha, mas não deixe que elas toquem seu cabelo (tente mantê-las a um braço de distância).

Agora, estique os braços e aponte os dedos para cima, com as mãos fechadas, as palmas viradas para longe de você. Em silêncio, ou em voz alta, peça que o Deus ou a Deusa, os arcanjos Gabriel ou Rafael (anjos de cura), ou seu próprio anjo da guarda, encham seu corpo de luz, de forma que apenas as energias da cura e da bondade lhe preencham. Também é possível pedir por um tipo específico de cura.

Imagine uma luz fulgurante, em forma de raios imaculados, brancos e dourados, sendo transmitida para seus dedos e descendo pelas mãos, espiralando pela aura circundando o seu corpo. Você pode sentir certo formigamento e visualizar fagulhas douradas ao redor das mãos. Mantenha as mãos em posição até sentir toda a sua aura vibrando de poder e resplandecência.

Coloque as mãos em concha acima da cabeça outra vez. Trabalhando a um braço de distância do topo da sua cabeça, vire as palmas das mãos para dentro, mantendo os dedos juntos e curvados em harmonia, até que encontrem as faíscas cintilando ao longo das extremidades da aura, ainda brancas e douradas. Conforme se movem para baixo, suas mãos irão se separar, acompanhando o traçado de toda a sua aura. Elas farão isso de modo lento, enquanto você sentirá, gradualmente, as luzes se fundindo com o violeta, o índigo, o azul, o verde, o amarelo, o laranja e o vermelho, permeando cada camada da aura até chegar à mais profunda delas.

Ao alcançar os pés, coloque as mãos em posição de concha, para sintetizar as cores da aura em branco e dourado. Volte as mãos à posição original acima da cabeça, em arco, movendo-as de cada lado do corpo, de baixo para cima, até que volte à primeira posição, com o arco acima da cabeça. A luz branca e dourada que então se irradia de seus pés adicionará bruxuleios ou estrelas à sua aura.

Repita todo o exercício, desde o começo, por mais seis vezes, sempre trabalhando primeiro com a camada externa da aura para então permitir que as energias adentrem todos os sete níveis. Ao final, seus dedos estarão formigando e brilhando, e, ao completar os sete movimentos, você sentirá ou verá o seu arco-íris ficando cada vez mais nítido e mais resplandecente, enquanto uma elipse envolve seu corpo, estendendo-se em todas as direções. Você verá seu corpo envolvido em uma bolha de arco-íris, fluindo como água morna, e se derramando em direção ao cosmos.

Para concluir, balance os dedos acima da sua cabeça para que as fagulhas de energia residual cascateiem sobre você, fazendo com que sinta proteção e a sensação de estar com a aura aberta a novas experiências.

Uma vez que tenha terminado, mergulhe suas mãos em um recipiente com água no qual uma ametista ou um cristal transparente de quartzo tenha ficado imerso por oito horas. Em seguida, seque-as com uma toalha macia.

Agradeça os seus anjos e os seus guias e saia para deslumbrar o mundo.

TRÊS MANEIRAS RÁPIDAS DE MANTER SUA AURA BRILHANTE E SAUDÁVEL
Com ajuda da água

Se estiver precisando de mais energia, mergulhe as mãos em uma tigela de água gelada na qual um cristal transparente de quartzo tenha ficado imerso por oito horas. Se estiver se sentindo em desequilíbrio ou sofrendo de inquietação, utilize uma ametista.

Borrife algumas gotas de água sobre o seu cabelo e no ar ao redor da extremidade da última fronteira da aura, circundando todo o seu corpo, sempre mantendo um braço de distância da sua cabeça.

Faça esse procedimento até sentir o corpo refrescado, e, para finalizar, jogue algumas gotas na frente dos pés.

Para cuidar de outras necessidades, veja o capítulo 7, no qual você aprenderá como utilizar água de cristal para fortalecer diferentes partes da aura.

FORTALECIMENTO E CUIDADO DA AURA

Por meio de cristais

Para equilibrar a aura, utilize um cristal transparente de quartzo afiado ou um bastão de cristal. Segure-o, apontando para fora, com a mão dominante, e faça espirais com o cristal, começando com um braço de distância acima da sua cabeça e movendo-o, para dentro e para fora, em espirais em sentido horário e anti-horário, até quase tocar o topo do seu cabelo. Balance o cristal cada vez mais rápido ao redor da cabeça e dos ombros, por dois ou três minutos, e então vá descendo pelo lado esquerdo do corpo, sempre mantendo a distância, movendo o cristal dentro e fora do seu campo energético. Desça-o até seus pés e suba pelo lado direito do corpo até voltar para a cabeça.

Se não conseguir mover o cristal mais rápido, repita os movimentos, cada vez mais lentamente, até que esteja segurando a ponta do cristal acima da sua cabeça. Aponte-o para dentro, próximo ao seu chacra frontal, e então desça até o chacra da garganta e o do coração, dizendo:

Acima de mim, a luz (segurando-o acima da cabeça),
Dentro de mim, o resplendor (segurando-o na frente
do chacra frontal),
Que o meu interior seja preenchido (segurando-o na frente
do chacra da garganta),
Com amor no meu coração (segurando-o na frente do
chacra cardíaco).

Ao checar as listas dos dois primeiros capítulos, você poderá encontrar o cristal apropriado. Se não conseguir um cristal afiado, utilize uma pedra alongada.

Usando fragrâncias

Utilize bastões defumadores de sálvia em miniatura (cerca de cinco centímetros de comprimento) ou palitos de incenso comum de lavanda, rosa, alecrim ou sândalo. Escolha a fragrância apropriada para cada nível da aura que precise de cuidado, como especificado nos dois primeiros capítulos deste livro.

Acenda o bastão defumador ou o palito de incenso e sopre a fumaça em círculos horários e anti-horários, a um braço de distância do seu corpo, sobre a cabeça e ao redor dos pés, até que sinta as energias se transformando.

Faça isso ao ar livre ou em um quarto muito bem ventilado. A seguir, sob sua supervisão, deixe o instrumento escolhido para queimar ao ar livre até o fim.

Removendo a poluição

Se a atmosfera na sua casa ou no seu trabalho estiver pesada ou tóxica, você pode optar por limpar a poluição da sua aura ao respirar luz e exalar trevas. Esse método é bastante eficaz se você quiser mudar um humor, se sabe que uma situação ou pessoa específica aciona algum aspecto negativo da sua personalidade, ou se quiser limpar parte da sua aura. Você pode fazer isso, por exemplo, caso sinta uma dor de cabeça chegando (geralmente conectada à sexta camada da aura, a índigo), ou se sofrer de síndrome pré-menstrual (muito ligada à segunda camada, a laranja), mas precisar participar de uma reunião de negócios mesmo assim.

Tente se isolar por um minuto ou dois para realizar essa técnica. Se estiver com um grupo de pessoas e a atmosfera estiver tensa, você também pode realizar o trabalho discretamente *in situ*.

Visualize mentalmente uma cor que representa como você gostaria de estar se sentindo no momento, então respire fundo e solte o ar lentamente, permitindo que o relaxamento e a cor inundem seu corpo. Essa técnica se chama *respirar cores*. Você pode fazê-la em qualquer lugar, como em uma fila de supermercado ou em uma estação ferroviária. Esta é uma forma excelente e rápida de equilibrar sua aura caso esteja sentindo angústia ou tenha se deparado com pessoas e situações difíceis.

Mantenha-se respirando fundo, inspirando e exalando, enquanto visualiza o ar que sai da sua boca em cores diferentes. Essa também é uma forma de energizar sua aura pela manhã caso tenha dormido mal ou tenha um dia desafiador pela frente. Você também pode terminar o dia dessa maneira, para que relaxe e consiga ter um sono reparador. Remova toda negatividade da sua aura ao exalar cores escuras, foscas ou turvas. Então equilibre sua aura ao inspirar tons vívidos, brilhantes e leves para dentro de si.

No geral, para limpeza e energização da aura, visualize-se inspirando luz branca e dourada e exalando luz escura ou acinzentada.

QUE COR DEVO USAR?

Se você estiver com algum ferimento físico, as listas do capítulo 5 especificam que áreas do corpo ou da mente necessitam de atenção extra, então você pode enviar energias curativas ou de força àquela parte específica da aura. Caso se sinta sem recursos, outra opção é fazer a técnica de respiração explicada anteriormente e exalar a cor da aura de humor que esteja causando o problema, inspirando-a em um matiz mais suave. Você também pode inspirar um tom mais vibrante da cor caso a aura esteja muito pálida ou com buracos.

Algo ainda mais poderoso, já que toda cor tem sua nuance curativa para contrabalancear, é utilizar tons mais suaves de cor como antídoto para aplacar uma aura intensa demais ou, ao contrário, usar cores mais vibrantes para cobrir buracos ou partes desbotadas da aura. Tente os dois métodos e decida qual funciona melhor para você.

Se tiver um espelho ou outra superfície refletora, faça uma avaliação instantânea, primeiro da aura de humor, depois da aura de personalidade e, então, das sete faixas de cores. Com a prática, você nem precisará mais de todo esse ritual — você *saberá* qual das camadas precisa ser reparada.

Respirando cores

Respire profundamente pelo nariz e segure o ar enquanto conta até três. Exale lentamente pela boca dando um suspiro longo e conte até três de novo. Se estiver em público, seja sutil. Repita esses passos cinco ou seis vezes. (Há muitos padrões de contagem para exercícios respiratórios, então, experimente e use o método que lhe parecer mais confortável.)

Visualize o ar que está inspirando como se fosse feito de luz branca ou dourada. Exale devagar, vendo uma névoa escura sendo expelida, deixando seu corpo mais leve e harmonioso.

Tente retardar sua respiração um pouco mais, imaginando que a luz branca e dourada está se espalhando por toda a sua aura. Conte até quatro, lentamente. Segure o fôlego e exale mais uma vez, contando até quatro de novo, o mais devagar possível.

Repita o padrão, sempre visualizando a névoa preta saindo do seu corpo, tornando-se mais pálida conforme a negatividade é expelida, até que você sinta que o ar está totalmente transparente e limpo. Quando isso ocorrer, a limpeza da aura estará concluída.

Você também pode adaptar esse método utilizando as cores curativas a seguir. Utilize o ar que você exalou, como antes, para banir a negatividade e inale cores que trarão tranquilidade ou energia, dependendo da sua necessidade. Cores quentes, como o vermelho, o amarelo e o laranja, são estimulantes; enquanto o azul, o verde e o roxo, cores frias, acalmam e animam gentilmente.

CORES QUE FUNCIONAM COMO ANTÍDOTO PARA A AURA

Vermelho. Corpo Éterico. Primeira Camada: Azul.

Laranja. Corpo Emocional. Segunda Camada: Índigo.

Amarela. Corpo Mental. Terceira Camada: Violeta.

Verde. Corpo Astral. Quarta Camada: Laranja ou azul.

Azul. Corpo Etérico Padrão. Quinta Camada: Vermelho.

Índigo. Corpo Celestial. Sexta Camada: Laranja.

Violeta. Corpo Ketérico ou Causal. Sétima Camada: Amarelo.

ANTÍDOTOS PARA OUTRAS CORES DA AURA

Preto: Branco.

Marrom: Amarelo ou azul.

Dourado: Prateado.

Cinza: Branco.

Magenta: Azul-claro.

Cor-de-rosa: Azul-celeste ou azul-marinho.

Prateado: Dourado.

Turquesa: Verde-claro ou azul.

Branco: Prateado ou um tom contrastante de branco; mais leitoso para contrabalancear um branco intenso demais; ou branco vívido em oposição a um branco baço demais.

CRIANDO RECURSOS CURATIVOS

Cores que funcionam como antídoto, como matizes mais suaves ou tons mais vibrantes que compensam problemas de cor na aura, podem ser utilizadas também em cristais, flores, comidas, velas, ao vestir roupas iridescentes ou ao visualizar o tom ou matiz necessário para igualar as energias da aura.

Se a cor essencial não estiver disponível, uma vela branca pode servir. Visualize a cor necessária sendo projetada da vela em um raio de luz.

Cristais como antídoto

Muito usados como joias, os cristais podem indicar uma condição crônica associada a um determinado nível da aura ou modificar um humor recorrente ou um traço de personalidade indesejado. Cristais de uma pigmentação apropriada podem ser carregados junto ao corpo (considere um para cada camada da aura caso a totalidade dela esteja desequilibrada), deixados em recipientes ao redor da casa ou no ambiente de trabalho, ou mergulhados em uma tigela com água. Esta água pode ser bebida, utilizada em banhos ou aspergida sobre sua aura quando você estiver sob muito estresse.

Outra possibilidade é a de respirar a cor curativa enquanto segura o cristal escolhido com as mãos em concha próximas à boca. Você deve inspirar e expirar gentilmente, absorvendo os poderes do cristal.

Os cristais ideais para cada camada da aura estão listados nos dois primeiros capítulos do livro. No capítulo 7, veja como fazer água de cristais para cuidar da aura.

Fragrâncias medicinais

As ervas e as flores aromáticas podem ser utilizadas como incenso, óleos essenciais a serem queimados ou colocados em um difusor, como velas perfumadas, ou mesmo em sua forma natural. Elas contêm pura força vital e o poder de curar e energizar diferentes camadas da aura.

Respire as cores associadas às fragrâncias já mencionadas no livro, focando-se em todas as qualidades e nos pontos fortes dessas cores. Lembre-se que um jardim sob a luz do sol ou à luz da lua é um excelente lugar para se fazer o trabalho de restauração da aura. Na ausência de um espaço assim, você pode usar os seus vasos de planta.

Adicione óleos e produtos perfumados ao seu banho ou use um óleo essencial adequado para sua pele em pontos estratégicos do corpo, como os dos chacras. Misture dois ou três tipos deles em um queimador ou acenda diferentes velas fragrantes para trabalhar com mais de uma camada da aura ao mesmo tempo.

7

Auras no Lar e no Ambiente de Trabalho

MANUAL PRÁTICO DAS

AURAS

AO INTERAGIRMOS COM OUTRAS PESSOAS — NOSsos amigos, familiares, vizinhos e colegas de trabalho —, tanto no ambiente de trabalho quanto em um evento social, nossas auras revelam informações escondidas. Ao estudá-las, é possível captar instantaneamente a dinâmica de quase qualquer situação, evitando ciladas e encontrando meios de fazer conexões positivas e criativas, até mesmo com as pessoas mais difíceis.

COMO ESTUDAR AS INTERAÇÕES DA AURA

As auras vivem em constante interação, tanto de forma positiva quanto negativa. Elas podem tentar dominar ou manipular situações (atente-se aos amarelos e aos verdes túrbidos) ou buscar união, como um oceano fluindo de forma constante, para criar uma aura, ou egrégora, coletiva e harmoniosa no lar ou no ambiente de trabalho.

Ler as interações da aura costuma ser algo bastante fácil. Há linhas que vêm de qualquer área da aura da pessoa que está enviando suas energias, mas elas costumam ser percebidas com mais clareza próximo ao chacra frontal e entre, ou acima, dos olhos. Elas partem daí e são recebidas no mesmo lugar.

ENTRANDO EM SINTONIA COM AS INTERAÇÕES DA AURA

Relaxe e deixe os olhos semiabertos, permitindo que eles entrem em foco enquanto você observa pessoas que estejam conectadas em um só grupo. Este pode ser tanto parte de sua família estendida quanto um ambiente de trabalho, um seminário ou uma reunião social, como um casamento ou uma formatura.

Procure por linhas interconectadas e tons de cor que estejam se movendo entre as pessoas, dando atenção especial às pessoas que pareçam não ter quaisquer linhas se conectando entre elas, ou que enviam muitas delas, mas não recebem conexão alguma em troca. Também observe pessoas que recebem muita atenção, mas não respondem emocionalmente como deveriam. Até mesmo dentro dessas linhas interativas é possível encontrar nós escuros ou matizes intensos.

Raios de amor na aura são sempre fortes demais, podendo ser de um verde-ervilha, indicando possessividade, ou de um verde enfraquecido, indicando um amor não correspondido, ou de um verde brilhante, rico, indicando o tipo ideal de relacionamento recíproco.

TRABALHANDO COM AS AURAS NO AMBIENTE FAMILIAR, NO AMBIENTE DE TRABALHO E NAS INTERAÇÕES SOCIAIS

Raios conectados têm relação com ligações na aura de humor. Contudo, a aura de humor pode ser influenciada por traços ocultos da aura de personalidade, levando em consideração choques de personalidade reprimida ou intensas compatibilidades. Esse tipo de ligação costuma ocorrer no amor, quando, sempre que os amantes estão próximos um do outro, as duas auras parecem se fundir em uma só.

Se reuniões familiares, sociais ou de negócios costumam causar alguma espécie de conflito, assinalar as interações da aura pode ajudar a compreender as dinâmicas subjacentes, evitar armadilhas e descobrir quem são as pessoas que estão causando dificuldades. Alguém que você pode acreditar ser inofensivo, como uma tia meiga, a pessoa tímida do trabalho, ou um membro antigo da academia, sempre levantando peso no seu canto, pode ser justamente a pessoa que, com muita astúcia, vive atiçando a fogueira.

Estude as auras coletivas em todos os lugares — em saídas com amigos, um jantar familiar, um casamento, ao conhecer novas pessoas, ao começar um novo emprego e sempre que novos integrantes se juntarem ao grupo. O que as pessoas dizem, e até mesmo suas linguagens corporais, podem estar sempre sob controle, mas não refletem o que realmente está acontecendo no interior de cada indivíduo.

Tome notas no seu celular a fim de registrar os detalhes. Em uma festa, se necessário, rabisque suas informações no avesso de um guardanapo. Mais tarde, quando estiver só, escreva a dinâmica do grupo. Desenhe círculos e os nomeie representando cada uma das pessoas observadas, e utilize lápis coloridos ou canetinhas de diferentes tons para ilustrar os raios interconectados e enredar as ligações.

Ao desenhar os raios, faça-os indo *na direção* de cada uma das pessoas, em uma só linha, e voltando, em outra linha, com flechas para indicar em qual direção estão viajando. Para raios curtos, que não tenham alcançado o destino, coloque uma linha vertical no fim.

Tão logo tenha desenhado todos eles, sua folha de papel estará parecida com uma teia de aranha. Analise: Quem é a pessoa à qual mais raios foram direcionados? Quem mais os enviou? Quem tentou ser a alma da festa? As pessoas estão se comunicando? Se sim, elas estão se expressando de forma positiva? Preste atenção às cores e você descobrirá se alguém está se isolando de propósito ou apenas mandando raios repelentes para as outras pessoas.

Preste atenção a auras com linhas curvas, como tentáculos; elas costumam indicar manipulação ou possessividade. Em contrapartida, observe raios sociáveis, que se estendem pelo cômodo como se fossem raios de sol. Alguns raios podem ser fechados e compactos ou enevoados e secretos, mesmo que a pessoa pareça ser extrovertida em suas palavras e ações.

Siga as linhas até onde terminam, até a pessoa mais próxima de onde chegam, ou então tome nota de onde param e se dispersam.

AÇÕES REMEDIADORAS PARA GARANTIR ENCONTROS FELIZES

Se as pessoas e situações forem familiares a você, será possível notar padrões surgindo, o que tornará possível se preparar com antecedência para bloquear raios negativos e amplificar raios positivos. Com o tempo, você notará que o clima, um dia nublado, enevoado ou ensolarado, também influencia na aura coletiva, que contagia todos os indivíduos presentes. Tal aura pode permanecer por um longo tempo, mesmo que as pessoas que contribuem para sua existência não estejam mais presentes. Ao longo do tempo, isso pode gerar uma atmosfera boa ou ruim e criar conexões negativas, mesmo entre pessoas de temperamento calmo e amável.

A seguir, há algumas ações remediadoras que podem ser tomadas a fim de garantir encontros felizes em casa, no trabalho, nos eventos sociais e em todos os seus relacionamentos.

Essas ações também podem ser adaptadas para o ambiente de trabalho, caso indivíduos específicos pareçam gerar negatividade em reuniões, tornando a atmosfera instantaneamente competitiva, rude ou hostil, mesmo antes de se pronunciarem. A aura coletiva presente em uma construção que esteja regularmente em uso, como academias, escritórios, casas ou clubes, pode perdurar por meses, até anos. Por isso, tente descobrir se o lugar tem uma aura independente que precisa ser modificada, sobretudo se as pessoas estiverem constantemente discutindo ou tirando licenças de trabalho por estresse.

Uso de cristais

Os cristais são a forma mais fácil e efetiva de restaurar a harmonia da aura. Mantenha recipientes com diferentes cristais coloridos em áreas comuns ou espaços de trabalho para bloquear os problemas; ou carregue-os consigo em uma bolsa sempre que estiver em áreas nas quais as energias negativas coletivas estejam à solta, causando conflitos entre as pessoas. Adicione água de cristal a bebidas, principalmente em eventos sociais e no ambiente de trabalho. Outra opção é colocá-los em uma tigela com flores flutuantes.

Você pode utilizar:

- **Cristais de matizes suaves:** ágata azul, ametista, calcedônia azul e rosa, jade, mangano ou calcita rosa, fluoritas, opalas e pedras da lua. Use-os para encorajar interações amáveis no lar e silenciar indivíduos com auras intensas, dominantes e competitivas demais, sobretudo no ambiente de trabalho.

- **Cristais vibrantes:** olho de tigre, âmbar, carneliana, quartzo transparente, citrino amarelo, granada e diamante Herkimer. Use-os para conter interações letárgicas ou que sofram com a falta de comunicação. São ótimos para reviver o entusiasmo.

- **Cristais maciços:** lápis-lazúli, sodalita, sugilita roxa e malaquita verde e preta. Use-os para acalmar ataques de pânico e de ansiedade e para estimular comunicações honestas e abertas.

- **Cristais escuros e turvos:** quartzo-fumê, lágrima de apache, quartzo-rutilado, obsidiana e lasca de pedra polida. Use-os para absorver a raiva, vibrações confrontantes, inveja e sarcasmo.

Uso de fragrâncias

Ervas e plantas aromáticas formam um escudo psíquico na aura e acalmam a irritabilidade e a impulsividade.

- Use ervas em receitas. Cheque sempre os dois primeiros capítulos para associações de cores.

- Use menta e alecrim para rebater inveja, sálvia para acalmar a irritabilidade e a raiva, manjericão para promover o bem-estar, camomila para encorajar a gentileza, e gengibre para gerar entusiasmo e otimismo.

Uso de cores naturais

Você pode tentar:

- Velas nas cores azul-claro, rosa ou verde acesas durante o jantar ou iluminando um cômodo onde a família e os amigos irão relaxar e fazer conexões afetuosas; para acalmar ataques de raiva, atitudes inflexíveis ou angústia.

- Coloque laranjas frescas, pêssegos dourados, maçãs verdes, bananas amarelas, ameixas vermelhas, mirtilos, groselhas vermelhas e pretas e uvas roxas, vermelhas ou verdes em recipientes espalhados por um cômodo para renovar auras cansadas e diminuir ressentimentos duradouros. As pessoas escolherão a fruta com base na cor de que mais precisam para manter a aura equilibrada.

- Utilize castanhas e sementes marrons para suavizar ataques de pânico e diminuir a sobrecarga.

Como fazer água de cristal

Para um resultado rápido, faça águas ou elixires de cristal. Depois, adicione o líquido ao seu chá, café, suco ou consuma-o como água (uma ou duas gotas são suficientes) para funcionar como antídoto contra indivíduos dominadores ou uma aura de humor coletiva negativa.

Escolha cristais que sejam do tom e da cor certos. Para uma cor intensa demais na aura, use um tom mais suave no seu cristal remediador, enquanto para uma cor que esteja se esvaindo, escolha um matiz mais vibrante. Utilize o elixir de cristal para energizar e restaurar não só a aura coletiva, mas também a sua.

Para começar, coloque o cristal em uma jarra ou em uma garrafa de boca larga e encha dois terços dela com água. Dependendo da quantidade de água necessária, pode ser preciso adicionar um certo número de cristais, digamos, um para cada 250 mililitros de água. Coloque dois ou mais cristais de cores diferentes se precisar modificar diferentes camadas da aura. A aura só absorverá as cores de que necessita, não importa quantas você decida utilizar.

Para energizar a água, escolha um quartzo transparente. Para criar um elixir calmante, o quartzo-rosa e a ametista são os cristais mais indicados. Utilize a água de quartzo-rosa para o amor e a água de jade para restaurar a saúde de uma aura cansada a fim de encorajar o verde leal do amor a brilhar mais vivamente, caso tenha diminuído seu fulgor.

Deixe cristais se energizando sob a luz do sol por mais ou menos uma hora. Tons mais suaves devem ser expostos após o entardecer ou somente aos raios lunares.

Se um cristal se tornar poroso demais ou tóxico em contato com a água, como os metálicos, tais quais as piritas e a malaquita verde (se não tiver certeza sobre a toxicidade de um cristal, confira informações sobre o assunto em um livro especializado, como o *Complete Crystal Handbook*, de minha autoria), coloque-os dentro de um recipiente fechado que possa flutuar em uma tigela de água por algumas horas e, depois, a água pode ser utilizada.

ABSORVENDO AS CORES DIRETAMENTE

Respirar cores é a forma mais imediata e poderosa de espalhar cores remediadoras para pessoas e situações.

Utilize fontes naturais de cores sempre que possível, dentro de suas mãos em concha, ou à disposição, para que possa tocá-las de vez em quando, como uma flor ou um pedaço de fruta. Contudo, você pode absorver as energias necessárias para a aura ao respirar perto de qualquer fonte de cor, como canetinhas disponíveis em uma reunião de negócios; uma fotografia na parede; uma vela acesa; diferentes cores de tecido; objetos pintados de madeira ou de cerâmica; brinquedos de crianças; e até mesmo o azul do céu visto de uma janela.

Se, porventura, não tiver nenhuma fonte de cor por perto, visualize uma esfera grande da cor apropriada na sua frente.

Olhe diretamente para a pessoa que precisa dessa revitalizada na aura, ou para cima caso deseje fazer uma mudança no tom de uma aura coletiva negativa; respire cores usando seu nariz e as exale em um suspiro silencioso ou suave, diretamente na direção da pessoa que pretende desferir um ataque.

Utilizando sua imaginação, visualize raios coloridos em formatos de flechas sendo desferidos do seu terceiro olho em linhas retas, paralelas, na direção da aura da pessoa que precisa de ajuda, ou então para cima, para modificar a aura coletiva.

Você sentirá as cores fluindo através de você, diminuindo de frequência ou parando espontaneamente.

AS AURAS NO AMBIENTE DE TRABALHO

As auras no ambiente de trabalho oferecem um ótimo guia para compreender o espaço — quem é detentor do poder, que alianças silenciosas foram forjadas, e, se você for uma pessoa nova no lugar, de que maneira pode passar a fazer parte daquela cultura, deixando a sua marca. Se o seu cargo for na área de gerência, estudar a interconexão de auras pode ajudá-la a decidir as melhores combinações de empregados e a identificar desafios escondidos à sua autoridade.

Exatamente como fez antes nas questões sociais e do lar, comece por fazer tramas das interações e conexões entre as auras dos funcionários com quem você trabalha em um dia comum. Faça observações em dias diferentes, principalmente se algumas pessoas estiverem ausentes; uma ou duas pessoas de personalidade forte são suficientes para alterar todo o equilíbrio de poder e harmonia.

Estude as auras para descobrir a fonte e a natureza da antipatia, ou da forte atração, entre duas pessoas distintas. Será que há alguém emocionalmente carente tentando jogar seus tentáculos em cima de cada um dos colegas? Fazer as leituras de duas ou três personagens significativas no escritório pode mudar sua percepção dos papéis de vilão e vítima e explicar as dependências mútuas e a dinâmica dos jogos de poder ali dentro.

Observe também quaisquer mudanças bruscas de humor que possam ocorrer durante o dia. Durante uma discussão ou no momento em que alguém se torna objeto de crítica, a aura pode ficar mais apagada ou menos vibrante. A pessoa que parece mais fraca da dupla, ou do trio, pode ser um manipulador mental disfarçado e estar tentando fazer com que a outra pessoa se sinta culpada. Preste muita atenção na cor verde sujo ao redor de um vampiro emocional.

Por vezes, a vítima pode estar drenando poder do tirano e inconscientemente conspirando para formar um cenário específico. Quem é que está controlando a interação?

ESPELHANDO A AURA

Para certas pessoas, é possível espelhar a aura de outra pessoa de maneira proposital, como a energia da aura de todos aqueles envolvidos em uma entrevista ou de um grupo no trabalho. Aliás, essa é uma tática muito útil de ser adotada em contextos sociais ou no próprio ambiente de negócios.

Como é comum que as auras se misturem, é natural que algumas pessoas, principalmente quando estão em grupo, relaxem ao sentirem que você é parecida com elas. Dessa forma, elas reagirão de maneira mais positiva às suas sugestões e, até mesmo, à sua presença.

Para isso, olhe na direção da pessoa cuja aura você decide espelhar. Pode ser um entrevistador importante ou até mesmo um funcionário do governo. Foque na cor predominante de humor ou na faceta de personalidade sendo projetada. Pode ser um amarelo frio, lógico; um azul rico, poderoso (nesse caso, tente deixar o seu um pouco mais pálido de forma a não parecer desafiador); ou um verde profundo, muito benéfico para adquirir um voto de simpatia.

Agora você irá atrair a cor predominante da aura dessa pessoa, temporariamente, de forma que ela encubra a sua própria aura. Ao olhar para o seu alvo, *sinta* o quanto tem apreço por ele e demonstre o máximo de simpatia sobre seus pontos de vista. Então, pouco a pouco, com a ajuda do seu terceiro olho, respire os raios da cor da aura dessa pessoa, com os lábios levemente separados a cada inspiração, exalando qualquer dúvida ou aversão em forma de uma névoa pálida.

Persista até *sentir* que sua aura mudou de cor para espelhar a aura do seu alvo escolhido.

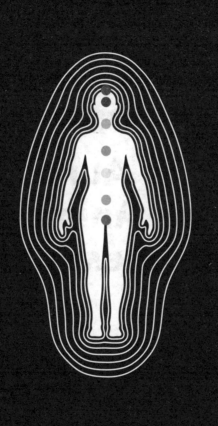

8

As Auras dos Animais Domésticos

MANUAL PRÁTICO DAS
AURAS

OS ANIMAIS, ASSIM COMO AS PESSOAS, TAMBÉM possuem auras distintas. Ao ler e interpretar a aura de seu animal doméstico, você aprenderá a antecipar mudanças de temperamento, a perceber necessidades fundamentais e a minimizar quaisquer problemas comportamentais. O conhecimento sobre esse tipo de aura também é bastante útil no momento de escolher o animal de estimação certo ou, até mesmo, no dia em que for visitar um abrigo de adoção animal.

IDENTIFICANDO AS CAMADAS DA AURA ANIMAL

As auras dos mamíferos e outros animais de estimação são diferentes das auras humanas na quantidade de camadas: consistem apenas em três ou quatro níveis, dispostos em uma elipse horizontal ao redor do corpo. As camadas mais externas se estendem para fora, enquanto as mais internas se encostam aos pelos ou às penas dos bichos.

As três principais faixas da aura animal — a camada da espécie, a camada do humor e a camada da personalidade — estão ligadas aos seus três chacras mais ativos: o chacra raiz, o chacra sacral e o chacra do plexo solar. Essas são as três camadas internas da aura humana.

Além disso, cada criatura tem pequenos chacras sensoriais que absorvem informações. Eles se localizam em cada uma das patas, em cada uma das garras, nas pontas das orelhas, ao redor do nariz, sobre cada um dos olhos, nas caudas e nas asas dos pássaros. Eles energizam a aura da espécie dividindo-a nas categorias *fugir* ou *atacar*.

Os peixes, os répteis e os insetos, por sua vez, têm apenas uma camada de aura.

OBSERVANDO AS AURAS DOS ANIMAIS

Na aura dos animais selvagens e domésticos, a camada mais interna costuma acompanhar o contorno do corpo, enquanto as outras duas camadas vão perdendo a definição conforme se afastam dos pelos ou das penas. Quando o animal está em movimento, nervoso ou excitado, a aura dele costuma arder em todas as direções, em especial na aura de humor, que temporariamente encobre as outras duas. Se ele estiver tentando dominar seu dono ou outros animais, por outro lado, a aura de personalidade é que prevalecerá sobre as outras camadas.

Em bichinhos saudáveis e felizes, a aura de personalidade se encontra com o cosmos, estendendo-se além do corpo em todas as direções, do comprimento da pata ou garra da frente, ou, no caso de animais com pernas alongadas, a um terço do tamanho. No que diz respeito ao toque, elas proporcionam a mesma sensação de contato que a aura humana.

Para ver todas as camadas da aura, aguarde até que o animal esteja relaxado, então mantenha os olhos semiabertos e deixe que entrem em foco, exatamente como você fez quando observou as sete faixas da aura humana.

100   MANUAL PRÁTICO DAS AURAS

A AURA DA ESPÉCIE

A cor da aura da espécie é comum a todos os animais da mesma espécie.

Essa camada é mais intensa ao redor das patas ou das garras, na região posterior dos quadris e na área dos genitais. Ela é ondulada e pode parecer aderida ao pelo ou às penas.

O chacra que energiza a aura da espécie é o chacra raiz ou base.

A aura da espécie está relacionada às necessidades fisiológicas, aos desejos reprodutivos e aos instintos territorialistas. Essa aura é mais vibrante em animais selvagens que tenham tido pouco contato com humanos. Nos animais domésticos, que passam a maior parte da vida entre quatro paredes sendo mimados, ela é muito mais pálida.

A aura de humor

Forma a camada do meio, a mais volátil delas, em constante movimento, repleta de luzes e centelhas. Ela corresponde ao chacra sacral. A aura de humor é a chave aos sentimentos e às necessidades emocionais do animal, e pode sinalizar com antecedência se um bicho está enciumado com a presença de alguém novo ou se está se preparando para o ataque.

A aura de personalidade

A aura de personalidade, que forma a camada mais externa da aura animal, permanece consistente ao longo de toda a vida dele.

Caso um animal esteja traumatizado devido a maus-tratos ou abandono e negligência, ondas escuras e nebulosas podem obscurecer a aura de personalidade natural. Essa aura é governada pelo chacra do plexo solar e determina a força de caráter e as idiossincrasias do seu animal de estimação.

A cor da personalidade é mais intensa ao redor da parte superior do estômago e nos ombros, assumindo uma suave textura de cor mate, podendo ser melhor observada quando o animal está relaxado ou adormecido.

A aura da alma

Animais inteligentes, que tenham ligações telepáticas duradouras com os próprios donos ou sejam capazes de trabalhar como cães-guias ou animais de resgate, costumam ter uma camada adicional na aura. Esta corresponde ao chacra cardíaco e pode ser vista ao redor do coração, da cabeça e dos ombros. Suas cores podem ser turquesa ou roxo, e ela se manifesta como uma camada etérea além da aura da personalidade.

AS CORES DA AURA NOS ANIMAIS

VERMELHO

Aura da espécie: O vermelho não é uma cor comum em animais de estimação, com exceção, talvez, de um gato que tenha sido adotado após ter vivido de forma selvagem, de uma ninhada de vira-latas ferozes ou de um garanhão criado solto. O vermelho é mais visto ao redor de tubarões, orcas, animais predadores, gatos-do-mato, touros, carneiros e aves de rapina.

Aura do humor: Um vermelho vívido é sinal de boa saúde e mostra uma grande necessidade de exercícios e atividades estimulantes, essenciais para animais que competem. Se o vermelho for metálico ou intenso demais, isso pode querer dizer que seu bichinho está passando por uma crise de agressividade e pode acabar atacando outro animal ou uma pessoa, mesmo que normalmente seja dócil. Uma aura em tom escarlate, por outro lado, mostra que o animal está para acasalar.

Aura da personalidade: Uma aura de personalidade vermelha denota coragem e muita disposição. Um vermelho excessivo indica agressividade inata, e um vermelho apagado representa irritabilidade ou mau humor. Mesmo que apareça em animais de pequeno porte, um animal com aura de personalidade vermelha será extremamente territorialista e sempre pronto para atacar, até mesmo criaturas bem maiores do que ele.

LARANJA

Aura da espécie: Espécies de animais independentes, que vivem longe de humanos e não confiam neles, aproximando-se apenas para procurar comida, costumam ter auras de espécie na cor laranja. Isso inclui cervos, lebres, raposas, javalis, gatos-do-mato e animais fiéis que tenham perdido seus parceiros, como cisnes, cavalos e gibões.

Aura do humor: Uma aura laranja limpa indica que o animal é confiante, mas não gosta de ser acariciado. É uma cor bastante comum em gatos. Além disso, aqueles com auras de humor laranja costumam ser muito possessivos com seus brinquedos e seus lugares de dormir. Uma aura em um tom escuro de laranja é indicativo de animais que sejam constantemente provocados por crianças pequenas. Uma aura laranja pálida indica que esse animal sofre agressão de outros animais. Por fim, um laranja cintilante sinaliza que o bicho está pensando em escapar de casa.

Aura da personalidade: Uma aura de personalidade laranja costuma caracterizar animais que sejam solitários por natureza e demonstram amor aos donos dentro de seus próprios termos. Eles não podem ser chantageados, ficam felizes com a própria companhia e não se importam de ficar sozinhos enquanto o dono está no trabalho.

AMARELO

Aura da espécie: Animais inteligentes, que costumam se comunicar de maneira direta com os humanos — como cachorros, cavalos, gatos, periquitos e papagaios — geralmente ostentam uma aura amarela. Também fazem parte desta categoria animais que vivem em grupos familiares, como os gorilas, os orangotangos e os chimpanzés.

Aura do humor: Uma aura de humor amarela vívida demonstra que esse é um bom período para adestrar seu animal, principalmente verbalmente. Um amarelo sujo, em tom de mostarda, indica ciúmes direcionado a um novo humano ou animal que tenha vindo a fazer parte da rotina.

Aura da personalidade: Um animal que tenha uma aura de personalidade amarela geralmente é fácil de ser adestrado, mas também fica entediado rápido demais, sendo sempre uma ótima companhia caso a pessoa viva sozinha. São animais que preferem adultos a crianças.

VERDE

Aura da espécie: Animais domesticados que sejam naturalmente fiéis e carinhosos com os donos costumam ter a aura da espécie na cor verde. Isso inclui hordas e animais de rebanho, além de criaturas aquáticas.

Aura do humor: Uma aura de humor na cor verde reflete um bichinho de temperamento estável e amoroso, podendo se acentuar nos momentos de escovação e carinho, ou se empalidecer se o dono estiver se sentindo triste, uma vez que os animais domésticos são bastante conectados emocionalmente aos seus tutores.

Aura da personalidade: Um verde brilhante indica que o bichinho ama seu tutor incondicionalmente, e por isso não gosta de ser deixado sozinho por muito tempo. Uma aura em verde pálido, por sua vez, sinaliza que o animal está sofrendo devido à ausência de outro animal ou pessoa. Um verde sujo denota que o animal é possessivo demais com relação ao seu tutor.

AZUL

Aura da espécie: Uma aura da espécie da cor azul não costuma ser vista em animais de estimação. Ela costuma caracterizar espécies sábias, como elefantes, golfinhos, baleias, cegonhas, grous, flamingos, garças e outros pássaros altos e graciosos. A aura da espécie de águias e falcões, por sua vez, pode ser pintada de dourado, enquanto manchas de azul prateado costumam surgir em revoada de pássaros e em cardumes.

Aura do humor: Quando a aura do animal é limpa ou da cor do céu, é porque o animal que a ostenta é capaz de perceber os pensamentos não ditos do tutor e não se interessa por brincadeiras bobas demais. O azul-marinho, por outro lado, indica que esse não é o melhor momento para mudar a rotina, como uma ida ao veterinário ou sair para uma viagem.

Aura da personalidade: Auras turquesa ou azul-celeste indicam uma alma sábia, independentemente da espécie em questão, um animal sintonizado às necessidades dos humanos e capaz de realizar tarefas complexas caso tenha um tutor com algum tipo de deficiência. Isso também pode aparecer na aura da alma. O animal de estimação com a aura de personalidade azul precisa ser sempre o alfa ou o único bichinho da casa. Uma aura azul-marinho indica amor pela rotina e um desejo de ser muito cuidado com carinho.

AURAS NO LAR E NO AMBIENTE DE TRABALHO

ROXO (INCORPORANDO O ÍNDIGO E O VIOLETA)

Aura da espécie: Uma aura de espécie roxa caracteriza gatos e cavalos de natureza aristocrática (não necessariamente de pedigree), borboletas, pequenos macacos (como micos e saguis), chinchilas e pássaros exóticos (canários, periquitos, aves tropicais e nectarínias).

Aura do humor: Se a aura do humor de um animal repentinamente se transformar em roxo vibrante, e o animal estiver olhando insistentemente para algo que você não esteja vendo, talvez ele esteja captando a presença amigável de alguém muito amado que tenha falecido. O roxo pálido indica que seu bichinho precisa de mais carinho e de um descanso.

Aura da personalidade: Místico e clarividente, qualquer animal que tenha uma aura de personalidade roxa demonstra ter fortes ligações telepáticas com o seu tutor, podendo, até mesmo, tê-lo escolhido. Quando a aura do bichinho mostrar um tom de roxo enfraquecido, pode ser que ele tenha decidido partir. Esta é outra cor que pode aparecer na aura da alma. Sempre que seu animalzinho de aura roxa não gostar de um estranho, tome muito cuidado.

COR-DE-ROSA

Aura da espécie: As fêmeas de todas as espécies — inclusive humanas — exibem auras cor-de-rosa quando estão grávidas, dando à luz ou cuidando de suas crias. Coelhos, porquinhos-da-índia e outros pequenos animais que sejam tratados como animais de estimação também tendem a ostentar esta cor de aura.

Aura do humor: Como o verde, uma aura de humor cor-de-rosa pode ser vista em um animal de estimação muito amado, principalmente no seio da família. A cor pode aumentar de intensidade quando o tutor estiver se sentindo sozinho e desamado, pois o bichinho enviará diversas ondas de amor.

Aura da personalidade: Um cor-de-rosa limpo na aura da personalidade confirma, tanto em machos quanto em fêmeas, paciência e gentileza direcionados a outros animais e a crianças pequenas. Um animal de estimação com esta aura de personalidade se importa com animais e pessoas abandonadas. Ele é o companheiro ideal para alguém doente ou que vive sozinho. Um bichinho com aura rosa pálida, por outro lado, pode ser pegajoso e excessivamente ansioso.

MARROM

Aura da espécie: O marrom deve estar presente na aura da espécie de todos os animais domésticos, até dos que vivem nas cidades. Sua ausência pode revelar que o animal está perdendo contato com seus instintos selvagens e se tornando excessivamente domesticado. Um marrom dourado costuma aparecer em bichos que passam algumas horas ao ar livre, como em animais de fazenda, jumentos, gatos, porcos e galinhas. Este tipo de aura também é muito observado em grupos de animais, como lobos, ursos, colônias de coelhos selvagens, colmeias e pássaros de jardim. Um marrom arenoso, por sua vez, pode ser visto ao redor de lagartos, cobras e outros répteis.

Aura do humor: Uma aura do humor vibrante ou limpa é um sinal de contentamento, geralmente vista quando um animal está se divertindo ao ar livre. Um marrom pálido indica que o bichinho precisa de mais contato com a natureza. Um marrom turvo, por outro lado, principalmente em um animal idoso, pode significar que ele necessita de paz e silêncio.

Aura da personalidade: Um tom suave de marrom indica que o bichinho é um ótimo protetor. Além disso, denota que ele gosta de viver em uma grande família, inclusive com crianças e outros animais de sua espécie. Ele também tem apreço por qualquer lar ou família que permita muito tempo de brincadeiras ao ar livre.

AURAS NO LAR E NO AMBIENTE DE TRABALHO

CINZA

Aura da espécie: O cinza é costumeiramente associado a animais tímidos e retraídos, como hamsters, gerbils, roedores, marmotas, tartarugas, jabutis; todas as criaturas noturnas e animais que fazem tocas, como texugos, porcos-espinhos e toupeiras; e insetos, como mariposas.

Aura do humor: Uma aura de humor cinza reflete um animal confuso ou temporariamente ansioso. Uma aura enevoada pode indicar que ele tem outra casa e outra fonte de alimentação.

Aura da personalidade: Independentemente da espécie, um animal de aura cinza será muito mais feliz e disposto durante a noite, animando-se a encontrar lugares para se esconder e armazenar comida. Os bichinhos com auras de personalidade na cor cinza não costumam ser bons animais de companhia.

PRETO

Aura do humor/aura da personalidade: O preto é comumente visto ao redor de animais velhos e doentes, que estejam prestes a partir. Ele também é percebido naqueles que foram abandonados ou tratados com crueldade. Se um animal emanar uma aura de preto metálico ou toda cheia de pontas, talvez seja melhor deixá-lo em um santuário ou abrigo de animais para ser adotado por alguém que possa cobri-lo de amor e cuidados.

USANDO CRISTAIS PARA MANTER A SAÚDE DA AURA DO SEU ANIMAL DE ESTIMAÇÃO

É mais fácil e eficiente realizar a manutenção e a restauração na aura dos animais do que na dos humanos, pois ali todas as camadas são unidas e interconectadas. Você pode utilizar cristais curativos para cores e questões específicas ou optar por utilizar outros tipos de cristais, como veremos a seguir.

Para manter a saúde da aura do seu bichinho ou melhorar uma aura apagada, disponha quatro ágatas muscíneas ou cristais de jade sob a cama do seu bichinho, nos quatro cantos de um estábulo, ou qualquer outro ambiente no qual o animal costume dormir.

Outra opção é oferecer ao seu bichinho, principalmente se ele estiver bastante estressado, um recipiente cheio com água na qual um cristal de ametista ou um cristal de jade tenha ficado de molho durante a noite anterior.

Além disso, uma vez por semana, enquanto o animal estiver descansando ou adormecido, fortaleça o campo energético da aura dele, removendo o excesso de energia ao fazer movimentos circulares, em sentido horário, com um cristal de quartzo transparente ou um citrino amarelo. Mantenha-o alguns centímetros acima do corpo do animal, segurando-o com sua mão dominante enquanto, com a outra mão, sustenta um quartzo-rosa ou uma calcita, em movimentos anti-horários.

Percorra toda a região da aura com os cristais, fazendo movimentos espiralados de dentro para fora, até quase tocar nos pelos do animal, e vá descendo até as patas. Em bichos de pernas longas, tente manter uma distância que equivalha a um terço do comprimento dos membros.

Uma outra técnica é respirar cores para enviar energia aos bichinhos cujas auras estejam fracas demais ou piscando, o que denota crises de ansiedade. Faça isso sempre segurando cristais de cores apropriadas nas suas mãos em concha, respirando cores e exalando-as, gentilmente, na direção do animal.

Uma forma alternativa de purificar e curar a aura do seu bichinho

Comece acariciando as costas e a cabeça do animal muito lentamente com as pontas dos dedos da sua mão dominante. Mova-a alguns centímetros acima do pelo ou das penas e, utilizando ambas as mãos, continue a acariciá-lo realizando movimentos rítmicos e gentis, até que não esteja mais tocando sua pelagem, mas sim o ar ao redor dele, contornando as linhas de seu corpo.

Mova as mãos cada vez mais longe, centímetro por centímetro, ainda seguindo o formato do corpo do animal, até que a conexão tenha acabado, o que lhe indicará ter ultrapassado o campo energético da aura. Continue movendo os dedos com gentileza, tentando chegar aos limites externos da última camada da aura, avançando na direção dos pelos e se afastando progressivamente deles.

De modo espontâneo, suas mãos passarão mais tempo em determinados pontos da aura. Você pode sentir lugares onde há pontas ou nós. Continue trabalhando neles até que suas mãos passem a se mexer mais lentamente, indicando que a purificação foi concluída. Esse processo dura em torno de cinco a quinze minutos.

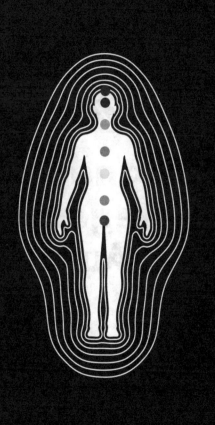

9
Selando e Protegendo a Aura

MANUAL PRÁTICO DAS

AURAS

SELAR E PROTEGER A AURA APÓS UMA PURIFICAÇÃO e uma energização é algo que permite às energias positivas adentrarem seu campo energético e filtrarem toda negatividade e estresse indevido do dia a dia. Isso é algo imprescindível, pois, com o tempo, o estresse e a negatividade costumam afetar tanto a sua saúde quanto o seu bem-estar.

SELANDO A AURA COM LUZ

Sente-se ou mantenha-se em pé com as mãos, na vertical, separadas por uma distância de cinco a oito centímetros, de palmas voltadas uma para outra. Mova-as de forma que quase se toquem, então retroceda lentamente, sempre mantendo-as na vertical.

Repita esses movimentos graduais de aproximação e recuo, diminuindo a distância entre as mãos progressivamente. Suas mãos ficarão pesadas, com a sensação de estarem magnetizadas como ímãs, e podem parecer até mesmo grudentas, conforme as energias da aura das duas mãos se fundem. Você pode notar até mesmo um brilho branco prateado ao redor de cada mão enquanto se torna progressivamente mais difícil separá-las.

Quando suas palmas estiverem não mais que dois centímetros de distância uma da outra, levante as mãos e os braços acima da sua cabeça, exatamente onde consegue sentir as bordas exteriores do último nível da sua aura. Esta área estará tão energizada, vibrante e cintilante que será difícil não a localizar de primeira. Coloque as mãos em concha acima da cabeça, as palmas voltadas para baixo e os dedos juntos.

Siga os contornos da aura, deixando que as mãos se movam espontaneamente, em unidade, ao redor das laterais do seu corpo. Você pode encontrar certa pressão, como se o delineado de sua aura estivesse se solidificando. Incline-se de maneira natural, como se desenhasse uma elipse de cada lado do seu corpo, ainda seguindo a camada exterior da aura com um giz invisível, que termine o traçado na frente dos seus pés.

Balance os dedos ao redor da cabeça e dos ombros, mantendo um braço de distância, para espargir fagulhas prateadas e estrelas sobre os contornos da aura. Luz prateada fluirá para dentro do seu campo energético, ao redor de todo o seu corpo, na parte da frente, na parte de trás, e da cabeça aos pés. Então passe as mãos por todo o corpo, de cima a baixo, como se estivesse escovando e varrendo todo o excesso de energia. Deixe essas energias invisíveis no chão.

Assim, de maneira breve, sustente as mãos sobre a chama de uma vela (cuidado com a proximidade!) ou à luz do sol, para purificá-las.

Você pode repetir esse processo de limpeza a qualquer hora do dia, principalmente caso alguém tenha invadido o espaço da sua aura e em desconforto. Ao fazer isso, ou "varra" toda a energia para o solo ou role-a nas mãos e transforme-a em uma bola imaginária, atirando-a pela janela ou dentro de uma lata de lixo. Esta é uma maneira de remover, de forma simbólica, energias indesejadas do seu espaço.

Selando a aura do seu animal de estimação

Após realizar um procedimento de cura, fazer uma limpeza ou energizar a aura do seu bichinho, ajoelhe-se, sente-se ou mesmo mantenha-se de pé diante dele. Sustente as mãos por um ou dois minutos sobre uma planta verde ou as flores amarelas de um vaso, com as palmas voltadas para dentro e os dedos unidos, até que sinta-os formigando. Então mova as mãos, ainda com as palmas para dentro, de encontro uma à outra, afastando-as em seguida, de dois a cinco centímetros de distância, aproximando e afastando as mãos progressivamente, até que sinta o poder se acumulando. Visualize um verde vibrante e uma luz marrom dourada provinda da natureza fluindo entre e em seus dedos.

Quando suas mãos estiverem quase se tocando, estique-as à sua frente, com os dedos apontados para o seu animal de estimação. Imagine que luz verde e dourada escorre dos seus dedos na direção do corpo do seu bichinho, derramando-se no campo energético e atravessando todas as três ou quatro camadas dele, selando e protegendo a aura do seu animal de estimação com muito amor.

UM ESCUDO DOURADO PARA PROTEÇÃO FÍSICA, EMOCIONAL E ESPIRITUAL

No geral, selar a aura é o suficiente para mantê-la protegida. Contudo, caso você esteja sob muito estresse vindo de estímulos externos, ou se sinta sob um ataque psíquico ou psicológico, criar um "escudo de ouro" sobre sua aura repelirá todo o mal, independentemente de onde ele provenha, trazendo consigo confiança e a sensação de ser capaz de lidar com quaisquer problemas.

Uma vez que tenha sido criado, esse escudo energético pode ser ativado a qualquer momento, em qualquer situação e em qualquer lugar.

É possível que às vezes você encontre alguém que tenha uma energia negativa esmagadora, tão consumida por suas crenças limitantes que, caso decidisse mudar seu humor ou personalidade enraizada, você estaria batendo a cabeça contra uma aura tão sólida e inflexível quanto um muro. Em casos assim, o escudo é a melhor proteção para a sua aura.

CRIANDO SEU ESCUDO DOURADO DE ENERGIA PSÍQUICA

Após ter feito seu escudo, você só precisará energizá-lo uma vez a cada três meses, a menos que esteja sob ataque. Nesse caso, refaça-o toda semana ou todo mês até que o perigo ou desconforto passe.

Criando um escudo de aura dourada para proteção

O plexo solar, localizado na região do estômago onde as costelas terminam, potencializa a terceira camada da aura. Esta é a fonte vital de poder para o escudo dourado, o seu sol interior, capaz de proteger a pessoa de todo o mal.

Mova uma das mãos com a palma voltada para dentro no centro do seu estômago e você experimentará, gradualmente, uma sensação de estar com a mão sobre a água de uma banheira que se esvazia lentamente. Quando sentir a mão formigando, pare de tocar a região do seu chacra.

Agora, conecte-se fisicamente com a cor dourada. Segure um anel ou um brinco de ouro, encare algum objeto da cor dourada, como um prato cheio de frutas nesse tom, um cristal como a calcopirita ou o âmbar, um pedaço de folha de ouro, ou uma vela dourada. Feche os olhos e visualize o ouro inundando sua visão interior e invadindo seu corpo por cada um de seus poros.

Mantenha os olhos abertos, encarando o dourado, e feche-os até que não consiga *ver* nada exceto essa cor em sua mente. Se possível, também *sinta* o ouro líquido, levemente aquecido, inundando seu corpo. Abra novamente os olhos para se conectar com a fonte do ouro, imaginando uma luz dourada fluindo de cima para baixo através do seu corpo, por meio do chacra da coroa na sua cabeça. Essa luz é muito comumente chamada de "Luz do Arcanjo Miguel". Ao mesmo tempo, visualize rios dourados surgindo pelos solos da Mãe Terra, a origem do ouro, girando até chegar ao seu plexo solar, iluminando seu sol interior.

Sente-se, observando sua fonte externa de ouro e sentindo a luz dourada fluir dentro de você e ao redor de sua aura. Ao sentir-se irradiando por dentro, diga três vezes: *Eu sou ouro puro.*

Agora, você usará o seu corpo interno feito de ouro para criar um escudo de defesa ao redor da sua aura, irradiando energias em direção ao cosmos.

Permaneça sentada, mantendo os dedos e as palmas das mãos em posição vertical, quase se tocando. Então separe-os rapidamente. Você já fez esse exercício antes, mas agora é hora de seguir ao próximo passo de manipulação energética. Continue a mover suas mãos, juntando-as e separando-as, cada vez mais devagar, sem permitir que se encostem, até que, nesse estágio, você possa *ver* e *sentir* a energia dourada como uma bola de luz com faíscas douradas crescendo ao redor das suas mãos. Forme uma bola dessa substância invisível, grudenta, entre suas mãos, como se estivesse rolando entre as palmas uma bola pegajosa de argila, transformando-a em uma esfera de qualquer tamanho, desde uma bola de tênis até uma bola de futebol americano.

Quando sentir que a bola energética é consistente e redonda, descanse-a contra o seu plexo solar, e então você começará a *ver*, ou a *sentir*, o dourado do seu sol interior enchendo a bola. Com os olhos fechados, gire a bola invisível nas mãos até que sinta que ela está cheia de ouro brilhante.

Criando o escudo dourado

Ainda segurando a bola de energia, sente-se com os joelhos unidos e levante os braços acima da cabeça em arco, levantando a bola até que esteja a um braço de distância acima de sua cabeça.

Mergulhe os dedos nas energias da aura dentro da bola dourada até que ela se rompa e a substância de ouro cascateie, como uma cachoeira, nas suas laterais, na frente e na parte de trás do corpo, circundando e envolvendo você por completo, a um braço de distância, transparente o suficiente para que seja possível enxergar através dela. Você se sentirá como se estivesse tomando banho em água dourada, morna e cintilante.

Pouco a pouco, *veja* ou *sinta* a casca da esfera protetora endurecendo para se tornar ouro iridescente, com bordas de madrepérola, a fim de que seus pensamentos amorosos possam entrar e quaisquer sentimentos negativos sejam repelidos.

Agora, bata palmas acima da cabeça para completar o selamento.

Permita que o escudo dourado ao redor de sua aura desapareça, mas saiba que ele continua ali, escondido, apenas esperando para ser ativado.

Ativando seu escudo dourado quando estiver em perigo

Sempre que precisar de seu escudo, diga mentalmente: *Invoco meu escudo de ouro para proteger-me de todo o mal*. Se assim desejar, peça ao Arcanjo Miguel para fortalecer seu escudo contra todo tipo de ataques.

Retraindo sua aura

É possível retrair a aura caso você deseje manter a maior discrição possível para evitar confrontos ou ameaças em potencial. Por exemplo, caso alguém esteja cansado ou doente, a aura dessa pessoa se retrairá naturalmente a uma distância de, no máximo, três centímetros na direção da pele. Com prática e intenção, é possível — embora somente por curtos períodos de tempo — retrair a própria aura inteiramente para o interior do corpo físico. Esta é uma ótima técnica sempre que você precisar, ou desejar, passar despercebido.

Para tal, silencie os seus pensamentos de forma que sua aura não consiga se abastecer de ansiedade e medo, como se estivesse colocando um carro em ponto morto. Caso esteja em um lugar escuro, respire a escuridão pelo nariz e, ao exalar, contraia e enrijeça os músculos, sentindo sua aura se aproximar, cada vez mais, de sua pele.

Exale suas dúvidas e os seus medos na forma de uma luz vibrante vermelha e relaxe os músculos. Continue fazendo esse processo e, pouco a pouco, sua aura se retrairá. Prossiga até que sinta um leve puxão conforme sua aura adere à sua pele, como um guarda-chuva sendo fechado ou uma tenda sendo dobrada novamente à posição original.

Respire devagar e profundamente até que o perigo — ou o medo — tenha passado. Quando se sentir a salvo, alongue o corpo e balance os dedos para reativar o campo energético da aura ao seu formato normal.

Criando uma aura de névoas acinzentadas

Ao se encontrar em uma posição vulnerável ou em uma situação na qual não queira ser incomodado, uma alternativa para isso é cobrir sua aura com névoas acinzentadas. O tom plúmbeo e a nebulosidade mascaram os sinais naturais da aura que emitimos sempre que estamos ansiosos ou temerosos.

Embora seja possível criar esse escudo antecipadamente, você pode desejar repetir em sua mente os passos de todo o processo no exato momento em que estiver se sentindo ameaçado, pois, além de sua função prática, esse método tem efeito calmante.

Trabalhe à noite, assim que escurecer, de preferência em um dia nublado, enevoado, e acenda uma vela cinza. Sente-se em uma posição confortável e feche os olhos. Utilize sua visão psíquica para visualizar a chama da vela, como se seus olhos estivessem abertos e você estivesse olhando diretamente para ela.

Respire lenta e profundamente, até projetar suas costelas, e exale dúvida ou medos específicos. Com o seu terceiro olho, imagine as sete cores da aura girando ao redor de sua cabeça e de seu corpo, adentrando a chama da vela e saindo pelo outro lado como uma névoa cinza, turvando sua visão da vela. Desta vez, o efeito do escudo será o de uma névoa acinzentada, não de uma esfera selada, como ocorre com o escudo dourado.

Ao não conseguir mais discernir a chama da vela em meio às brumas, abra os seus olhos e apague a chama concreta da vela. Você pode ver ou não ver, com o seu olho físico, o efeito enevoado ao redor da vela, mas isso, na verdade, é desimportante.

Acenda uma ou duas velas brancas para restaurar luz à aura.

Lembre-se, sempre que estiver se sentindo sob ataque, repita mentalmente ou, quando sozinha, em voz alta: *Eu visto a capa da invisibilidade e passo despercebida.*

Você pode recriar esse escudo mensalmente ou sempre que achar necessário. Quando o perigo tiver passado, imagine as névoas se dispersando e sua aura, mais uma vez, desdobrando-se e voltando a brilhar em iridescência.

RITUAL DO ARCO-ÍRIS

Eis aqui um ritual com o propósito de sintetizar todas as energias da aura e preenchê-la de cor e luz. Selecione sete velas pequenas — em vermelho, laranja, amarelo, verde, azul, índigo e violeta — e coloque-as em um círculo seguindo a ordem das cores. Sente-se de frente para as velas.

Acenda a vela vermelha e diga: *O vermelho é para a força e a coragem, e é por isso que minha aura está repleta de alegria e harmonia.*

Acenda a vela laranja e diga: *O laranja é para a confiança, e é por isso que minha aura está repleta de alegria e harmonia.*

Acenda a vela amarela e diga: *O amarelo é para o poder, e é por isso que minha aura está repleta de alegria e harmonia.*

Acenda a vela verde e diga: *O verde é para o amor, e é por isso que minha aura está repleta de alegria e harmonia.*

Acenda a vela azul e diga: *O azul é para a abundância, e é por isso que minha aura está repleta de alegria e harmonia.*

Acenda a vela índigo e diga: *O índigo é para a sabedoria, e é por isso que minha aura está repleta de alegria e harmonia.*

Acenda a vela violeta e diga: *O violeta traz a síntese, e é por isso que minha aura está repleta de alegria e harmonia.*

Quando tiver acendido todas as velas, apague cada uma delas na ordem reversa à qual as acendeu, recitando, para cada uma delas: *Agora minha aura está repleta da alegria do arco-íris.*

ÍNDICE REMISSIVO

A

água
de cristal, 93
para saúde da aura, 79
Anael, 26
animais de estimação,
auras de, 99, 100, 101, 102, 103,
104, 105, 106, 107, 108, 109, 110
aura da alma, 102
aura de espécie, 101
aura de humor, 101
aura de personalidade, 101
cores em, 102, 103, 104, 105, 106,
107, 108
cristais para manter a saúde, 109
identificando camadas, 99, 100
observando, 100
selando, 115
arcanjos, cores associadas, 23, 24, 25,
26, 27, 28, 29, 30, 34, 35, 36, 37, 38,
40, 41, 42
Ariel, 38
aura
combinando leituras de
personalidade e, 62, 63
de arco-íris e carisma, criando,
78, 79
de humor, 45, 46, 47, 48, 49, 50,
51, 52, 53
identificando/vendo, 47, 48, 49
monitorando a sua própria, 49
mudanças temporárias na cor,
45, 46
observando e registrando
descobertas, 50, 51, 52, 53
vantagens na leitura, 45
aura de personalidade, 55, 56, 57, 58,
59, 60, 61, 62, 63
a importância de compreender, 57

alterações na, 55
combinando leituras com a aura
de humor e, 62, 63
estudando com detalhes, 58
identificando aspectos
necessários, 56
prática de leitura de auras, 63
psicometria (toque psíquico) para
leitura, 60, 61
técnicas para enxergar, 58
vantagens na leitura, 55, 57
vendo e registrando descobertas,
59
auras
coletivas, 89
melhorando (dicas específicas),
15, 16, 17
o que são, 8

C

camadas da aura
as camadas e suas características,
66, 67, 68, 69
avaliando com o poder do toque,
70, 71
como identificar, 66, 67, 68, 69
corpo astral, 68
corpo celestial, 69
corpo emocional, 67, 68
corpo etérico, 67
corpo etérico padrão, 69
corpo ketérico/casual, 69
corpo mental, 68
registrando achados e descobertas,
72, 85
Camael, 23
campo de energia universal, 11
Cassiel, 28, 40, 42

chacras
  cardíaco ou do coração, 26, 37, 39,
    60, 68, 102
  cores correspondentes, 22, 23,
    24, 25, 26, 27, 28, 29, 35, 36, 37,
    39, 40, 41
  coronário ou da coroa, 29, 31, 35,
    36, 59, 69, 116
  do plexo solar, 25, 41, 68, 100,
    101, 116
  frontal ou terceiro olho, 22, 28,
    35, 69, 80
  ilustração dos, 22
  laríngeo ou da garganta, 22, 27,
    36, 69, 80
  raiz ou base, 23, 37, 40, 41, 67, 71,
    100, 101
  sacral, 24, 37, 67, 100, 101
clarividência, 21, 28, 47, 70, 106
cores
  absorvendo diretamente, 94
  como antídoto para auras, 83
  encontros sociais, fontes de, 92
cores das auras, 19, 20, 21, 22, 23, 24,
  25, 26, 27, 28, 29, 30, 31, 32, 33, 34,
  35, 36, 37, 38, 39, 40, 41, 42, 44, 45,
  46, 47, 48, 49, 50, 51, 52, 53
  cores mais elevadas da aura, 30,
    31, 33, 34, 35, 36, 37
  cores secundárias dentro das
    faixas da aura, 37, 38, 39, 40, 42
  crianças e, 20, 21
  interpretando auras e, 45
  mais próximo e mais longe do
    corpo, 119
  mudanças temporárias, 45, 46
  sete cores principais e suas
    características/associações, 22,
    23, 24, 25, 26, 27, 28, 29, 30, 31
  visão geral sobre a interpretação
    das, 19

cores específicas
  amarelo, 25, 104
  azul, 27, 105
  branco, 30, 31
  cinza, 40, 41, 108
  cor-de-rosa, 38, 39, 106, 107
  dourado, 34
  índigo, 28, 29
  laranja, 24, 103
  magenta, 35
  marrom, 39, 40, 107
  prateado, 37, 38
  preto, 37, 42, 108
  roxo, 106
  turquesa, 36
  verde, 26, 104, 105
  vermelho, 23, 102
  violeta, 29
corpo astral, 68
corpo causal, 69
corpo celestial, 69
corpo emocional, 67, 68
corpo etérico , 67
corpo etérico padrão, 69
corpo ketérico, 69
corpo mental, 68
crianças
  cores da aura e, 20, 21
  dourado na aura, 20
  enxergando auras, 21
criando aura de névoa acinzentada, 120
cura, limpeza e energização de auras, 65, 66,
  67, 68, 69, 70, 71, 72, 73, 74, 75
  energização da aura, 74, 75
  para as auras dos animais domésticos,
    109
  pêndulo de cristal para, 73, 74
  purificação da aura, 73, 74
  visão geral sobre, 65

E

encontros felizes
criando, 90, 91, 92, 93, 94
energias, aura
auras coletivas (campos
energéticos), 30
energizando a aura, 74, 75
enxergando auras
aura de humor, 47, 48, 49
aura de personalidade, 56, 58
clarividência e, 21, 115
crianças e, 20, 21
escudo dourado, 115, 116, 117, 118
espelhando a aura, 96

F

fragrâncias
associações de cores e, 23, 24, 25,
26, 27, 28, 29, 30, 34, 35, 36, 37,
39, 40, 41, 42
para a saúde da aura, 80, 81, 85, 92

G

Gabriel, 24, 30, 37, 78
gemas e cristais
cristais de cura, 84, 85
fazendo água de cristais, 93
fortalecendo, tipos e associações
de cores, 23, 24, 25, 26, 27, 28,
29, 31, 34, 35, 36, 37, 39, 40,
41, 42
para a saúde da aura, 80, 84, 85
para harmonia da aura, 91, 93
gemas e cristas
para a saúde do animal de
estimação, 109

L

lar e ambientes de trabalho, 87, 88, 89,
90, 91, 92, 93, 94, 95, 96
absorvendo cores diretamente, 94
auras coletivas, 90, 93, 95
auras no ambiente de trabalho, 95
criando encontros felizes, 90, 91,
92, 93
espelhando a aura, 96
estudando interações da aura, 87
outras fontes de cores, 92
sintonizando interações da aura,
88
trabalhando com auras, 88, 89
leitura de auras
combinando leituras de humor e
de personalidade, 62, 63
observando e registrando
descobertas, 50, 51, 52, 53
prática em progresso, 63
vantagens da, 45, 55

M

melhorar a alma
vinte maneiras de, 15, 16, 17
Metatron, 35, 36
Miguel, 34, 116, 118

P

pêndulo de cristal, 73, 74
poluição, removendo da aura, 81, 82
protegendo as auras, 113, 114, 115
  a importância de, 113
  campo de energia psíquico, 115, 116, 117, 118
  crianda uma aura de névoa acinzentada, 120
  dos animais, 115
  escudo dourado, 116, 117, 118
  para corpo, mente e espírito, 115
  retraindo a aura, 119
  ritual do arco-íris, 121
  selando a aura com luz, 113, 114, 115
psicometria
  avaliando as setes camadas da aura com, 70, 71
  e sentido das auras 60, 61, 70, 71
  leituras de auras com, 60, 61
pura força vital, 11

Q

qi, chi, prana, mana, ruach, 11

R

Rafael, 25
Raphael, 78
Raziel, 41
registrando
  avaliação do bem-estar das camadas da aura, 72
  descobertas da aura de humor, 49, 50, 51, 52, 53
  descobertas da aura de personalidade, 58, 59

respirando
  cores, 82, 83, 85, 94, 96, 109
  criando aura de névoa acinzentada, 120
  dúvidas e medos, 119
  removendo poluição, 81, 82
retraindo a aura, 119
ritual do arco-íris, 121

S

Saquiel, 27
saúde das auras, energizando/ mantendo, 77, 78, 79, 80, 81, 82, 83, 84, 85
  água para, 79
  aura de arco-íris e carisma, 78, 79
  cores a serem usadas como antídotos, 82, 83, 84, 85
  cristais para, 80
  enchendo com luz, poder e harmonia, 77
  fragrância para, 80
  mantendo a aura vibrante e saudável, 79, 80, 81, 82
  para os bichinhos, 109
  removendo a poluição, 81, 82
  respirando cores e, 82, 83, 94, 96, 109
  visão geral sobre, 77

Z

Zadquiel, 29

CASSANDRA EASON é psicóloga e uma das autoras mais prolíficas e populares de nossa época, escrevendo sobre todos os campos da espiritualidade e da magia. Ela também é palestrante e organiza workshops em todo o mundo sobre todos os aspectos do paranormal. Durante os últimos quarenta anos, escreveu mais de 130 livros, muitos dos quais foram traduzidos para vários idiomas, incluindo japonês, chinês, russo, hebraico, português, alemão, francês, holandês e espanhol. Eason tem cinco filhos e quatro netos, os quais considera sua maior alegria e conquista. Atualmente mora na Isle of Wight, na costa sul da Inglaterra. Saiba mais em cassandraeason.com

MAGICAE é uma coleção inteiramente dedicada
aos mistérios das bruxas. Livros que conectam todos
os selos da **DarkSide® Books** e honram a magia
e suas manifestações naturais. É hora de celebrar
a bruxa que existe em nossa essência.

DARKSIDEBOOKS.COM